苗炜

著

烟及巧克力及伤心故事

人民文学出版社

图书在版编目(CIP)数据

烟及巧克力及伤心故事/苗炜著.—北京:人民文学出版社,2021
ISBN 978-7-02-015602-3

Ⅰ.①烟… Ⅱ.①苗… Ⅲ.①长篇小说—中国—当代 Ⅳ.①I247.5

中国版本图书馆CIP数据核字(2021)第143574号

责任编辑	于文舲
装帧设计	李思安
责任印制	任 祎

出版发行	人民文学出版社
社　　址	北京市朝内大街166号
邮政编码	100705

印　　刷	三河市中晟雅豪印务有限公司
经　　销	全国新华书店等

字　　数	135千字
开　　本	880毫米×1230毫米　1/32
印　　张	8.375　插页3
版　　次	2021年8月北京第1版
印　　次	2021年8月第1次印刷

书　　号	978-7-02-015602-3
定　　价	35.00元

如有印装质量问题,请与本社图书销售中心调换。电话:010-65233595

第一章 烟

1

世上迷茫的人太多,他们需要指引。其中一些人当上了司机,就更需要指引。那辆雅阁车上,架着三台手机,都开着导航,司机踩一脚刹车,一个女声说"请不要压线",一个女声说"请保持车距",一个女声说"请注意来往车辆"。车上了京顺路,三个女声此起彼伏,一个说"前方畅通","前方"与"畅通"之间稍作停顿,似乎她观察了一下,才做出这个谨慎的判断。一个女声说"前方道路限速六十",另一个女声说"附近有北京龙翔汽车修理站,可以为您的导航软件提供升级服务"。刘棣和唐娟坐在后排,几近崩溃,开始唐娟还抱怨几句,但司机充耳不闻,不停捏着脸颊上的一块肉,从后侧方看,那块儿肉有点儿红肿,不知是长了一个痤疮,还是反复揉搓肿起来了。唐娟一股子起床气,声音提高了八度:"你停边上吧,我要下车。"司机松了一下油门,一个女声说"此处不能停车",一个女声说"请注意后方车辆",一个女声说"请注意前方有车辆汇入"。刘棣伸手拉唐娟,从背包里掏出大耳机,递给她,唐娟推开刘棣,骂了一句,闭上眼睛,靠在后座上。刘棣戴上耳机,两眼望向天。雅阁车深一脚浅一脚地从望京开到了东三环,周末的早上,道路还算畅通。临近朝阳医院,堵上了。一个女声说"前方拥堵两百米,预计通行时间五分钟",一个女声说"前方有闯红灯拍照",一个女声说"前方有医院,注意避让行人"。唐娟睁开眼,拉着刘棣下车。

　　他们在朝阳医院东门外找到一个三层小楼,外面贴着白色瓷砖,门口挂着七八块牌子,其中一块写着"北京呼吸病研究所"。上到三楼,楼道里很暗,有一位保洁阿姨,左手拎着水桶,右手拎着墩布,迎面走来。刘棣问:"请问您,戒烟门诊在哪儿?"妇女向身后一努嘴儿,刘棣道谢。楼道尽头有一个房间开着门,透出光亮。刘棣和唐娟走到门口,探头打量,屋子里靠门这一侧,摆着一架上下床,床上堆着装药的牛皮纸箱,靠窗那一侧,对放着两张写字台,两张木头椅子。屋里聚着四五个粗壮汉子,都在五十岁上下的年纪,有一位穿着白大褂的女医生,拿着一根针管形状的探测器,让那些汉子一个个对着针管吹气:"你呼出的二氧化碳含量是十一,正常的指数是二,你看看你超了多少。"她用湿纸巾擦了擦探测器,伸到另一个汉子面前:"吹!"刘棣一下感到呼吸有点儿急促。那几个汉子,每一个都面目阴沉,嘴唇发黑,一人一口烂牙,鼻毛浓密以至于要张开嘴呼吸,每一次呼吸都像在喘息,屋里的空气似乎都浑浊了。"你们两个进来!"随着女医生的指令,刘棣和唐娟往前挪动了几步,女医生的针管伸到刘棣面前,刘棣顺从地呼出一口气,女医生说:"你的指数也是十一。"她用湿纸巾擦了一下,把针管伸向唐娟,唐娟伸手挡在嘴边,拒绝了针管。女医生说:"你们两口子都抽烟吧?要戒就得一起戒。一个人戒没用,一个人戒,另一个抽,最后谁也戒不成。"

一个汉子,半拉屁股坐在上下床下铺的床沿儿上,身体前倾,双手撑着膝盖,嘴里像是含着一口浓痰:"医生您赶紧给我们开药吧,都说您这儿有灵丹妙药,我们哥儿几个都不想抽烟了。"边上的人一个接一个地表示,我们为烟草所困,求医生赐药。女医生从写字台下面抽出一个纸箱,拿出一盒药:"你们听好,我告诉你们怎么吃这个药。你们要先确定一个戒烟日,开始吃药。头一周每天早晚各一片,这一周你们还可以抽烟。从第二周开始,药物在血液中达到一定的浓度了,你就不能再抽烟了,每天服药一片,早晚都可以。但是,从第二周开始，就不能再抽烟了，一根也不能抽了！"床上的汉子问："您是说，我还能再抽一个礼拜的烟啊？"女医生回答："你要是今天就开始吃药，那你还能抽一个礼拜，到下个礼拜六，就不能再抽了。这一个礼拜是一个缓冲期。"一个汉子倚着上下床站着，小声嘀咕："正好我家里还有一条中华呢。"

女医生往外掏药："每个人八盒，记住啊，头一周每天早晚各一片。第二周开始，每天一片，就不能再抽烟了。每个人八盒，拿好药。"汉子们一个个领药，七嘴八舌地问问题，这药有什么忌口，烟瘾上来该怎么办。刘棣打开背包，把十六盒药装到包里，立在一边听着，嘴巴微张，露出被烟熏黄的牙齿。唐娟站在两步开外，打量刘棣，他不胖不瘦，不算年轻，也不像是中年人，脸上有几块色素沉着，还有两个微微凸起的扁平疣，他和屋子里的其他男人混在一起，好像也变得呼吸粗重，面色灰暗，浑身都被衰亡的气息笼罩。

外面天空灰暗，不知是雾是霾。两人找了一间麦当劳，端着盘子，找了个靠窗的座位，把桌上没收拾的餐盘挪开。刘棣吃了两口汉堡，掏出一盒药，绿色的盒子上写着"盐酸安非他酮缓释片"，他拿出说明书，盯着上面的化学结构式看了半分钟，头往后仰："这上面的字太小了，我眼花了，都看不清楚了。"唐娟把说明书扯了过去，盯着上面的小字仔细看。

刘棣问:"上面都说什么了?我听说这个药是治疗焦虑症的,抽烟好多时候就是因为焦虑,吃了这药就不焦虑了,是这么回事吗?"唐娟喝了一口咖啡:"上面没说。"

"那上面都说什么了?"

唐娟把说明书放到桌上:"说了一堆不良反应,有可能出现头晕、恶心、心悸,还可能出疹子,还可能出现幻觉,说有极少数的服用者吃了这个药,会产生奇思妙想。看来这个药适合我吃。我恨不得现在就吃一颗。不行,我得抽根儿烟去。抽完烟,回来就吃药。"

唐娟站起来,裹上黑色的羽绒服,座椅在地面上发出嘎吱吱的摩擦声。刘棣向窗外看,人行道上堆满了黄色和橙色的单车,有两个身穿黄色马甲的快递员,靠在电动车上,低头玩着手机。有三个房产中介,穿着廉价的黑色西装,白衬衫扎着领带,哆哆嗦嗦地抽着烟,往地上吐痰,在他们身后,出现了一个女人,穿着黑色的羽绒服。有那么一瞬间,大概不到一秒钟,刘棣没意识到那个女人就是唐娟,他被这一瞬间的陌生感击中,审视窗外的爱人,她面色苍白,脸上的血管如一道道隐约的黑线,羽绒服的手肘处有一个破洞,露出半截白色的羽毛。

2

刘棣的生活中充满了音乐，以至于每一段时光都能有一支乐曲作为标记。起初，他在电台主持一档深夜节目，播放古典音乐，也请专家来讲讲古典音乐。后来电台规定，静默五秒就是播出事故，古典音乐有些曲子音量过低，如同静默，所以刘棣的节目就变成了轻音乐和流行歌曲。他的主持生涯也就分成了古典主义时期和浪漫主义时期。他在浪漫主义早期认识了唐娟，那一天，他的随身听里播放的是《弗罗索岛的花》。他跟唐娟说，这是个瑞典钢琴家的专辑，这位钢琴家在世界各地巡回演出，挣了钱就买下北方的弗罗索岛，在岛上盖房子，深居简出。唐娟摆弄着刘棣的随身听，说，现在很少有人用这玩意儿听音乐了。刘棣说，这是个好东西。唐娟说，我知道这是个好东西，淘宝上卖好几千块钱呢。唐娟掏出烟盒，白色的中南海点五，拿出一支烟往外走，刘棣看得出来，她那几步走得有点儿急。外面是北京阴郁的深秋，唐娟只穿着一件黑色的卫衣，外套扔在座位上。窗外落叶纷飞，唐娟点上烟，左臂横在胸前，托起右臂，右臂贴着身体，右手中指和食指夹着烟，脖子直挺挺的，吸一口烟，右手离开嘴巴，红色的烟头骤然一亮，升高的温度能让她抵抗瑟瑟秋风。

唐娟短发，左侧的头发拢在耳朵后面，眉毛细长，用眉笔画得更整齐，刘棣看过去，似乎总看不到她的正脸，越是看得仔细，越是看到一张侧脸，一张细细的嘴，一条细长的眉毛，那一瞬间，刘棣理解了毕加索和立体主义，唐娟的脸像一个跳动的光斑，需要一次又一次地去捕捉。

咖啡馆里坐满了人，刘棣和唐娟共同的朋友，正七嘴八舌地议论着一部热映的电影。唐娟回来，她身形瘦小，穿过座椅间的缝隙，那个轻盈的姿态让整个世界都显得粗大笨拙，她坐回到刘棣身边，刘棣凑到她耳边说："我想和你睡觉。"他向来直截了当，这一次更加直截了当。唐娟一笑，像是没有听见。

过了两天，唐娟约刘棣去看戏。鼓楼西剧场上演《变形记》，剧中的格里高尔，就是那只甲虫，由一个日本产的机器人扮演。戏是下午场，演出结束，正是太阳要落山的时候，唐娟说，去我家坐坐吧。刘棣问，你家在哪儿？唐娟说，就在前面不远，走过去一刻钟。刘棣有点儿惊讶，你住在胡同里吗？你一个上海大小姐怎么住在胡同里呢？唐娟说，到北京不就应该住在胡同里吗？走了两步，她又说，我不是上海人，我是浙江人。从鼓楼西剧场走到鼓楼东大街，转进胡同，唐娟指着一块牌子说，你看，豆腐池胡同，毛主席故居，当年毛主席到北京读书的时候，就住在豆腐池胡同。

唐娟领着刘棣走进一个大杂院，院子里加盖了不少小房，过道只容得下一人经过，到了拐角处，唐娟打开一间小屋，开灯，小屋不足二十平米，左侧是隔出来的洗手间和灶台，右侧一面墙，摆着宜家的白色比利书架，层层叠叠摆满了书，屋子正中放着一张桌子，桌子上干干净净，摆着一个大笔筒，里面插着几支毛笔，桌子上有一个砚台，有一盒一得阁墨汁。屋里横穿着一根铁丝，上面用夹子夹着两张宣纸，纸上是端正的楷书。刘棣说，哟，你还会写毛笔字呢？

唐娟问："你喝水吗？我烧点儿水？"刘棣摇头，两人站在屋里，找不到落座的地方。唐娟说："我们上楼去吧。"迎面的墙有一架铁制的阶梯，刘棣弯着腰走上去，看到梯子下面摆着一架雅马哈电钢琴："哟，你还会弹钢琴呢？"唐娟冷冷地说："你可真够讨厌的。"上面是搭建出来的一个小阁楼，放着一张床，一张低矮的沙发，铺着一张羊毛地毯，唐娟坐到床上，刘棣坐到沙发上，面对着一个简易衣柜，衣柜门是厚厚的白色塑料布。刘棣盯着白塑料布发呆，唐娟脱下外套，脱下毛衣，从下到上翻过头顶："来吧，别慎着了。"刘棣笑，站起来脱衣服。唐娟问："你笑什么？"刘棣说："别慎着了，你跟哪儿学的北京话？"唐娟继续脱衣服："我说得不对吗？"

刘棣脱光了上衣，踩着鞋跟把鞋脱掉："你说得对，你说得太对了，别慎着了。"

第一声炮响之后，两个人躺在床上抽烟，唐娟翻身摸出手机，鼓捣两下，床脚下一个蓝牙音箱，传出黛安·索尔的歌声："甜心啊，如果你不爱我，就不要碰我。"刘棣掐灭了烟："我的包呢？我放楼下了吧。"他翻身起床，光着屁股下楼，那时他很瘦，好像也能轻松地穿过各种缝隙，他咣咣咣地下楼，再咣咣咣地上来，手里拿着一张CD挡住私处："我给你买了一张《弗罗索岛的花》，我看你挺喜欢的。"

唐娟靠在枕头上："我看你那个随身听挺好的。"

刘棣愣了一下："你喜欢吗？回头我送给你。"

他上床，被子上的烟灰缸打翻了，两个人拍打着床铺。唐娟起身，从衣柜里拿出一件长长的毛衣穿上。刘棣说："我看你那个钢琴好久没动过了吧？"

"怎么？你要让我表演一下吗？是不是到了才艺展示的环节？"唐娟笑盈盈地看着床上的刘棣，"你是不是会弹两下？"

"我弹吉他还能弹两下，但也就弹两下。"刘棣说，"我看你才艺不错，又会写大字，又会弹钢琴。琴棋书画的。你还会什么啊？"

"我还会唱京剧。"

"真的假的？"

"我会唱《沙家浜》里的《智斗》，还会唱《红灯记》里的《都有一颗红亮的心》，大爷您想听哪一段啊？"唐娟又点了一支烟，坐到沙发上。

刘棣脑子里回想着阿庆嫂和李铁梅，对他来说，这两个形象都太陈旧模糊了，跟眼前这个八十斤出头儿的瘦削姑娘对不上号，"你还学过样板戏？这都什么时候的事了。"

"我八岁的时候学的，小学毕业就没再学了。不学样板戏学什么？学《打渔杀家》？"唐娟吐出一个烟圈，翻滚着向刘棣飘来。

沙发后面有一扇毛玻璃的小窗，窗台上摆着几盆多肉植物，刘棣的目光移向窗台，唐娟站起来，打开窗户，夜色中，一棵老槐树巨大的枝杈分割开一片灰色的屋顶，透过光秃秃的树枝，能看见灯光映射下肃穆的鼓楼。刘棣披着被子起身："哟，你这里到夏天可舒服了，拿两瓶啤酒，到屋顶上喝啤酒。冬天是真冷。"

"是啊，我租这个地方的时候是五月份，当时就看上这个窗户了，天气暖和了槐树开花，可香了。"唐娟用烟头烫窗台上的多肉植物。这个生长在湖州的姑娘，从小就知道家乡有一个大书法家叫赵孟頫，提笔写字就开始临《胆巴碑》，她学了几年京剧,偶尔也会扮上,和两个男同学一起表演《沙家浜》里的片段,高中毕业之后去上海戏剧学院,念到硕士,在上海工作三年,然后到北京,找了胡同里的一个大杂院住下,两片电暖器根本抗拒不了寒冬,可她心心念念的是这个小窗户外夏天的槐树和肃穆的鼓楼。他见她第一面就提出上床,她也做出回应,顺滑流畅。刘棣把她裹到被子里,提枪再战,这才发现唐娟的小腹上刻着一行字母,像蓝黑墨水涂上去的,他用打火机照着——Per aspera ad astra,这是什么意思?唐娟说,这是拉丁文,循此苦旅,以达天际。这真是装×。刘棣举着打火机,像苦旅中的行人举着火炬,唐娟说,快灭了吧,别烧着我。

3

遇到刘棣之前,唐娟养过一条狗。她的闺密送来一条小狗,说是柴犬。唐娟上网搜索柴犬的照片,她看到的柴犬与她家里这一只面貌相去甚远,唐娟断定,她养的不是柴犬,但同时又认定,这小狗长大后会变成柴犬。这两种矛盾的判断能并存于唐娟的脑子里。养了没几天,唐娟去郊外开一个剧本策划会,深夜回家发现,那只小狗一直狂叫。邻居大爷过来敲门，训斥她，说这条狗叫了一晚上，害他大半夜睡不好觉，要犯心脏病。唐娟不住地道歉，邻居大爷不依不饶，说你养不了狗就别养，养狗就要遛狗，不能把狗关在屋子里。第二天，唐娟还要去开会，晚上回家，发现那条身份不明的小狗，夹在暖气片与墙壁的缝隙之间，上又上不来，下又下不去，前腿儿和后腿儿都没有着力之处，生生憋死在那里，狗眼圆睁，好似对辽阔世界充满好奇，又对当下的困境迷惑不解。她还没给这条小狗起名，也没把情感过多倾注在狗身上，所以也不是特别悲伤。她和闺密一起将狗火化，闺密说："再养一条狗吧，你越接触动物，就越不喜欢男人。"唐娟说："那我还是喜欢男人吧。"夜里一个人辗转反侧之际，唐娟想，外面危机四伏，待在家里才有安全感，念及狗命之脆弱，娟儿不禁顾影自怜。

遇到唐娟之前，刘棣有一段时间也是与狗为伴。他养了一条苏格兰梗犬，那狗听得懂人话，会直立行走，喜欢游泳。夏天，刘棣带它去一家宠物乐园游玩，那里有一个专门供狗戏水的泳池，带喷泉，池中有彩色灯泡变幻。起初狗也尽兴，人也尽兴，可那一日水中的照明设备忽然漏电，池子里的金毛、梗犬等大大小小七八条狗一瞬间齐齐颤抖，池边的主人有反应快的，跳入泳池中救狗，刘棣愣了一下才下水，右脚刚一接触水面，就感觉半边身子酥麻，他连忙收回腿，半躺在池边。只一眨眼的工夫，水池子里的狗都歪歪扭扭地漂浮起来，似乎是累了，在水中摆出静止的姿态。唯一一位下水救狗的主人，是一个中年胖子，弓着背，腰间的赘肉像一个救生圈，头埋在水下，一动不动。刘棵以为他在寻找什么，过了一分钟才意识到，那中年胖子已经和池子里的狗一起被电死。彼时，戏水乐园四周的杨树哗哗作响，大喇叭里放着一首《怒放的生命》，刘棵脑子里一片空白，他的苏格兰梗死了，他曾经视这条狗为亲人，但他不会为这条狗搭上自己的性命。随后他发誓要为他的苏格兰梗讨回公道。纠缠了大半年，获得两千块钱的赔偿，其间感到自己受到羞辱，是个卑鄙又胆怯的小人，他似乎被人说服，那条狗命分文不值。那个死去的胖子的家属展现出一种不屈不挠的战斗姿态，胖子不放弃他的狗，家属也不放弃胖子，相比之下，刘棵对他的苏格兰梗犬、对自己的命都太过草率。

　　刘棵和唐娟相识，很快就上床，频繁约会，聊天，一支接一支抽烟，看刘别谦的老电影，看夜色中的钟鼓楼。这两个人照料不好自己的一条狗，但在爱情的盲目与冲动下，他们暗暗发誓要彼此照料。唐娟买了一台熊猫牌收音机，每天晚上11点到12点，收听刘棵主持的音乐节目，听他在音乐的间隙说上几句话。他在节目中说，世界上最安静的地方不是零分贝，而是负九分贝，那是美国印第安纳波利斯的一间地下实验室，主人是音响行业的一位老板，吉尼斯纪录认定那里是世界上最安静的地方，如果有人能在负九分贝的实验室中待上四十分钟，就能获得一箱健力士黑啤酒。刘棣说，很多人都渴望安静，但未必能忍受寂静中流动的血液如潮汐澎湃，他想去印第安纳波利斯试一试，看自己能否赢得一箱黑啤酒。

  刘棣每天戴着一个巨大的耳机出门，有时会戴着一个巨大的耳机入睡，那是他的工具，用于对付各式各样的噪音，早上的车流、喇叭，晨练者身上的巴哈便携式扩音器，城市建设发出的巨大噪音，商场里滥用的音乐，电梯里说话的男人，装修的噪音，看电视的邻居，吵闹的孩子。那也是一个道具，借以表明，他要和喧闹的人群隔离开。城里的噪音是金钱在嗡嗡作响，人们投入生活时热气腾腾的兴奋和心底冷冰冰的欲望相互激荡，刘棣被那些声音惊扰，他在夜幕降临时出门，在午夜来临时一首接一首地放音乐。与那些聒噪的主持人相比，刘棣很安静，他会讲一下负九分贝这样的趣闻，也会讲最近有什么演出。认识唐娟之后，他会没头没脑地发两句感慨，比如，极恶者热情高涨，善良者也就信心尽失。唐娟听了就笑，这是头天晚上，唐娟给他讲的叶芝的诗。唐娟兴之所至，能出口成章，像说出一大段台词，可刘棣只能记住其中关键的两句，回头在电台里说："每个流行的词汇，每种流行的理想，都是一个托词，都是要回避何者为善这个问题。"他在两首歌之间发表这些高妙的言论，没有上下文，没有解释，也不给出处，好像只是说给唐娟听的。刘棣说，其实他很想办一档听众点歌的节目，守着一部电话，坐在直播间，电话打进来，他就放一首歌，如果没有人打电话来，他就默不作声，不说一句话，让听众跟他一起在沉默中等待。

那年春节临近之时，刘棣问唐娟假期做何安排。唐娟说，什么安排也没有。刘棣问，你不回父母家吗？唐娟说，年幼时，她父母离婚，母亲再嫁，去了上海，过了几年，父亲再婚，父母都有了各自的新家，这两个家，她都不愿意去。刘棣一直自称喜欢孤独，这一回算是见到了孤独本尊。两人买机票去了马尔代夫，在印度洋上萌发了天长地久之念。回来的飞机上，刘棣看着蜷缩在座位上的唐娟，她那么瘦小，把这张经济舱座位坐得像头等舱一样宽敞，头脑一热，说，要不我们结婚吧。唐娟说，好啊。

刘棣带唐娟去见父母。三环路边上的一栋老楼，两部电梯坏了一部，慢吞吞地上到十七层，楼道里黑乎乎的，堆满了杂物。刘家的电视锁定在凤凰卫视，音量巨大，刘棣的爸爸靠在沙发上，问唐娟，小唐在哪儿工作啊？唐娟说，我在一个青年艺术剧团。爸爸说，那是在"青艺"工作啊。唐娟看了一眼刘棣，点头说是。爸爸说，那也是国家事业单位吧？唐娟点头说是。爸爸说，你是研究生学历，比我家儿子学历高，要帮助他进步。唐娟笑，说我一定帮助他进步。老人家一边看着军情观察室的战略分析，一边讲，你们要相亲相爱，要互相帮助，共同进步，要照顾好身体，身体好了才有革命的本钱。讲了十分钟，问唐娟，你说这叙利亚内战到底是怎么回事啊？刘棣的妈妈把唐娟叫到厨房，塞给她一个红包。两人在家里坐了二十分钟，又坐电梯下楼。

电梯从顶层下来，到十九层停住，接上一位老大妈，老大妈拎着一个带轱辘的菜兜子要去买菜，到了十七层，见刘棣和唐娟上来，笑吟吟地看着他们。电梯停在十六层，接上一对母女，母女两个长得很像，女儿还算周正，可看见妈妈的脸，就好像看到了女儿二十多年后的样子，母亲一张嘴巴紧闭，没有发出一点儿声音，但刘棣能看出来，那是一个严肃的妈妈，是一个不断唠叨的妈妈，女儿在苛刻的管教下，身体都有些僵硬。刘棣想，以后这个女儿的男朋友上门拜见岳母，肯定会是一场艰难的考验。婚姻虽然有很多麻烦，但好在我不用去见丈母娘。电梯下到十三层，上来一个男生，穿着校服，推着一辆自行车，戴着耳机，脸上冷冰冰的。电梯下到十层，一个男人推着轮椅进来，轮椅上坐着一个老大爷，那个来自十九层的买菜大妈热情地打招呼："出门转转去啊？"推轮椅的男人说："出门转转去！"轮椅上的老头儿含糊不清地嘟哝着，买菜大妈说："是，就要出门转转。"电梯下到七层，电梯门吱呀呀地打开，一家人正送几位客人，站在电梯门口寒暄，见电梯里有轮椅，有自行车，并无太多的空间，客人脸上掠过一丝不快，说，你们先下，你们先下，转过身继续和主人说客套话。电梯到六层，上来一位中年男子，手里夹着一支没有点燃的烟，到了四层，电梯又停了，中年男子骂，操，四层还不走下去得了。电梯门打开，两个四五岁的孩子，对着电梯里的人做了个鬼脸，大笑着跑开。

　　终于下楼，刘棣和唐娟点上烟，走了几百米，进了地铁站。春节后还没正式开工，地铁车厢里空荡荡的，刘棣问，真要结婚了，你不怕吗？唐娟说，还行吧。刘棣再问，真的不用去见女方家长吗？唐娟说，不用见家长，但要见一下女方的亲友团。

　　唐娟订了一家日本餐厅，每位客人定食五百，再加上一瓶清酒，正好把婆婆给的两千块红包花完。她的亲友团只有一人，名叫倪乐乐，正是送给她柴犬的闺密，大学同学与灵魂伴侣。这位倪乐乐倒真像是丈母娘，坐下来没多久，就问："你们结婚后住哪儿呢？"刘棣回答："我在望京租的房子，正好房东想把房子卖了，我们打算买下来。"

倪乐乐问："多大？多少钱？"

刘棣回答："九十多平米，不到一百。三百多万。"

倪乐乐撇撇嘴："我前几天跟一个邻居吵架，她天天遛狗，天天在我家窗户底下拉一泡狗屎，我跟她说，您得清理狗屎啊。那个北京大妈说，我怎么不清理了我怎么不清理了！跟他妈的复读机似的。后来说不过我，指着我说，你的房子是租的你的房子是租的！给我气的啊。"

刘棣赔笑："你住在一楼啊？"

倪乐乐说："你快四十了吧？你说你一个北京人怎么到这岁数还没混到一套房子呢？也没个车。我听说你连首付的钱都凑不出来？"

刘棣看了一眼唐娟，唐娟似笑非笑："我卖出去了一个剧本，正好要结账了。"

倪乐乐盯着唐娟："一个年轻姑娘，在这世界上无依无靠，要控制自己的情感，否则会犯错。"

刘棣笑："这是一句台词吗？听着好耳熟。"

倪乐乐说：“这是一句特别糟糕的台词。”

刘棣不喜欢倪乐乐，第一次见面就不喜欢。她两眼间的距离略长，颧骨略高，眼睛与嘴角之间的距离显得更长一些，这让她的脸非常生动，说起话来五官都在飘移。她的谈话过于跳跃，前一分钟还在说北京的房价，下一分钟就说起一家新开张的餐厅，没聊两句餐厅，又要说去欧洲旅行。刘棣的脑子刚跟到欧洲，倪乐乐又说起五道营胡同的一家商店，这些话题看似没有逻辑，却在倪乐乐丰富的表情和手势的映照下，气势磅礴浑然一体。刘棣看着倪乐乐把一块金枪鱼中腹吞下，鱼肉沿食道下咽，细长白皙的脖子上有一道波浪起伏，他的老二忽然跳动了一下。他诧异，为什么鱼肉下咽的时候，倪乐乐还能说出话呢？说来奇怪，见到喜欢的人，刘棣的老二会跳动一下，见到讨厌的人，刘棣的老二也会跳动一下，而后，那个讨厌的人变成了一个潜在的性爱对象，也就不那么讨厌了。刘棣在餐桌上盯着倪乐乐的脖子想入非非，唐娟站起身来说，出去抽支烟吧。两人在餐厅外面抽烟，唐娟问，你觉得倪乐乐好玩吗？刘棣皱眉，她太能说了，说得我都头疼。唐娟哈哈大笑，说：“你打过电话吗？就是那种电话，对面不停地说啊说，然后你把听筒放在一边，根本不听，过几分钟再拿起来，你根本不用管他在说什么，还能聊下去。跟倪乐乐聊天，你得学会这一点，你得在脑子里把那个听筒放下。"

那年春天，唐娟和倪乐乐心血来潮去学插花，一个日本老太太在三元桥一栋公寓里开班授课，一室一厅的房间，客厅被辟为教室，老太太用几个大水桶装着花材，用很简单的中文讲授几分钟要领，剩下的时间就由学员们将花插在花盛之中，看起来极为简单的事情，却又有玄妙，学员们花一两个小时精心插好的花，经老太太的手再摆弄一下，姿态就更好看。唐娟认真听讲，细细观察，拿着花枝一点点比较，不肯轻易下剪刀。倪乐乐大刀阔斧三下五除二就完成了自己的作品，然后开始在唐娟耳边聒噪："我跟你说啊，地板就铺白色的，实木复合地板最好了，白色的其实最耐脏了。家具你不用操心了，我有一朋友，卖北欧中古家具，整天在欧洲那边转，买旧家具回来，丹麦的瑞典的，特别漂亮，你去他那里买，保证给你最低的折扣。你可千万别再买宜家的东西了，那种板材，用两年就变形了。沙发，沙发看中了吗？我那天在居然之家看见一款橘色沙发，意大利人设计的，在中国生产的，意大利原版估计要十万，国产的才三万多，我觉得特别划算。"

周围的学员都在精心体会插花艺术，对倪乐乐的聒噪颇为不满，日本老太太过来，将倪乐乐的作品重新归置了一番，轻声叮嘱她不要说话,倪乐乐低头看手机,看了有五分钟,忽然笑得花枝乱颤,唐娟已经把脑子里的电话听筒放在一边,倪乐乐把手机递过来:"你看这条新闻,太逗了。"唐娟的眼睛还盯着花,倪乐乐在一旁压低声音:"这是个西班牙女人,她装瞎装了二十多年。二十八年前,她跟亲戚朋友说,自己的眼睛手术失败了,要失明了。其实她就是不喜欢在街上碰见熟人要跟他们打招呼,她装瞎子装了二十八年,还领政府的残疾人补助。太了不起了。"唐娟瞥了一眼手机屏幕,看那西班牙女子的面容,然后对倪乐乐说:"你就不能装聋作哑一会儿?装十分钟。"

刘棣和唐娟在鼓楼的小屋子里住了半年的时间,他们去看话剧看展览听音乐会,逛菜市场逛家居市场,自己做饭,填饱肚子,上床,内心充满幸福。这个幸福非常具体,就来自望京那个正在装修的九十平米的房子,来自对那个空间的想象。该怎么填满那个空间?白色地板,客厅改造成工作间,倪乐乐推荐了一款写字台,出自50年代一位设计大师的手笔,她还推荐了一个蜂蜜色的餐边柜,背板上有一个黑色的印记,写着斯德哥尔摩生产。倪乐乐推销的第三款产品是一个英国桃花芯木古董柜子,据说至少有一百年的历史,兼具哥特风格、洛可可风格和东方风格,号称奇彭代尔式,品相极佳,打完折两万多，刘棣和唐娟对着手机里倪乐乐发来的照片，实在想不出这个漂亮的柜子该摆在哪里，唐娟回复说，这个柜子算了吧，我们不知道怎么用。倪乐乐发来一段语音，说这柜子可以做酒柜，或者做陈列柜。唐娟回复，我们也没什么可陈列的啊。倪乐乐再发来一段语音，这件柜子本身就是一件艺术品，摆着就好看。她像一个不折不挠的销售，约着见面，要给他们普及一下奇彭代尔何许人也，他的家具设计如何具有贵族气息。唐娟拉着刘棣一起赴会："你跟我一起去，我怕我一个人对付不了她，万一被她说晕了买回来就麻烦了。"三个人见面，倪乐乐谈笑风生，随口说那个英国柜子已经有人出了更高的价钱，唐娟松了一口气，刘棣语带讥讽，说倪乐乐你真是一个了不起的销售，帮人卖家具有什么意思，你不如去卖房子，卖房子可以拿佣金。

半个月后，倪乐乐入职一家地产中介公司。三个月后，她卖出了第一套房子，拿到了七万块佣金。而后又接连卖出两套房子，又过了半年，她给自己买了一套房子，一层，带个小院子，随即从地产中介行业离职，加入了一家保险公司。她说，要了解房产买卖是怎么回事，就要去当个中介，要明白哪一种保险最值得买，就要去卖一段时间的保险。她在保险公司干了几个月后辞职。唐娟问，哪一种保险最好呢？我这样没工作没固定收入的人，该买一个什么样的保险？倪乐乐给她推荐了一款保险，郑重地说，其实，还是攒钱最靠谱。刘棣惊叹倪乐乐这两次工作履历，和唐娟闲聊，你说，倪乐乐算是干什么工作的？唐娟严肃回答，她是个演员，生活是舞台，她是个真正的演员，要不是快递公司太辛苦了，她肯定会去送几个月的快递。刘棣附和，是啊，她真是个演技派。他能想象出倪乐乐挂着工作名牌笑容可掬地接待客户，三言两语间探出对方的底细，对他人的小心思洞若观火，见什么人说什么话。

刘棣和唐娟完婚，搬进新家，收藏多年的黑胶唱片摆进一个定制的唱片柜里，客厅的长条桌下铺着倪乐乐推荐的一款旧地毯，窗明几净，唐娟足不出户地看剧看书写剧本，与倪乐乐相比，简直像个单纯的孩子。外面是火热的生活，是越来越拥挤的人流车流，刘棣看似应付不了那火热的生活，他不会卖房子，也不会去卖保险，不会开出租车，也不可能去送外卖。他睡到中午才起床，白天待在家里，晚上才出门。他觉得，结婚也挺好，点灯说话，吹灯就伴儿，和唐娟在一起，轻松愉快。

倪乐乐向唐娟推销完家具之后，又推销过面膜和日本茶具，而后她的生活忽然发生了一次跳跃，她开始推销玉器。

交往的人非富即贵，总天方夜谭一般讲一些富贵人家的生活，谁谁家住着故宫附近的四合院，门口有武警站岗，谁谁家的地下室里摆着一摞任伯年齐白石，她给唐娟讲古玉沁色，讲辨别古玉的门道。起初，刘棣不担心唐娟会买一块昂贵的石头，她根本就不戴首饰，结婚的时候他问过唐娟要不要去挑一个钻戒，被一口回绝。唐娟只有一个小首饰盒，里面是一条金项链，附带着购物发票，是唐娟的妈妈十来年前在上海老凤祥金店买的。所以，当唐娟从倪乐乐那里买回来一块玉牌时，刘棣有些诧异。他不愿问这块玉牌的价钱，唐娟也不愿告诉他。他非常孩子气地给自己买了两张签名版唱片，心想你乱花钱，我也乱花钱。有一天早上，他醒来，唐娟正在床边抽烟，他气鼓鼓地踢被子，唐娟问他："你去过苏州吗？去过苏州的西园寺吗？"

刘棣翻身："去过吧，不太记得了。"

唐娟在烟雾升腾中慢慢说："西园寺门口有一个大照壁，写着'自觉觉他'，庙里面有一个放生池。听说放生池里有一个王八，已经活了四百多年，一直沉在池底。每年就上来换一口气，有的游客能侥幸看见这只王八。你说，这只王八要是会说话，它会说什么呢？它会不会是一个人呢？被上天的神灵变成了一个王八？它会不会是一个书生？喜欢上苏州城里一个大户人家的小姐?它是不是还记得四百多年来苏州城都发生了什么事?它这样活着不觉得累吗?它是不是在等什么人?神灵还能把它变成人吗?"

刘棣知道,唐娟又在编故事了,他坐起来,也点了一支烟。

唐娟摊开左手,手心中是那块两厘米见方的玉牌,黄不黄绿不绿的:"你说这个牌子被谁戴过?是不是曾经被埋在土里?跟主人一起下葬了?是不是有盗墓贼把它挖出来了,又拿到市场上去卖?是不是浸染过血?它被打造成器有四百年吗?有七百年吗?有一千年吗?会不会有一个狐狸精喜欢这块玉牌的主人?"

刘棣说:"我看这就是个塑料牌子,刚被人做出来,被倪乐乐买了,倪乐乐又卖给你了。"

唐娟弹弹烟灰,用红色的烟头烫了一下那块玉牌,然后又把玉牌握在手中,完全地包裹着:"你知道,长久地爱一个人是不可能的,是非常罕见的。一万个人里都不会有一个,一百万个人里也不会有一个。再说什么是长久呢,十年?二十年?五十年?一百年还是一千年?永久地爱,是不可能的,但是呢,人们喜欢不可能的事情。"她张开手,又看了一眼玉牌,再紧紧握住。这块玉牌成了唐娟的灵感来源,她用了一年的时间写了一部四十集的戏,名叫《离恨天》,讲了一个绵延千年穿越时空的恋爱故事，用刘棣的话说，就是《天仙配》加上《西游记》。剧本被高价买走了，又被导演对水扩充到六十集。一年后投资开拍。

　　唐娟拼命写作，腰酸背痛，颈椎脊椎都不舒服。倪乐乐劝她练习"晃海"，五脏六腑四肢百骸都能得到锻炼。于是唐娟在午夜时分或破晓时分就盘坐在床上，摇山晃海，这直接导致刘棣唐娟夫妻分床睡。唐娟写作的时候，总会点燃一支烟，叼在嘴里或是放在手边。她的烟瘾越来越大，倪乐乐推荐了一本书，题目叫《这本书能帮助你戒烟》，唐娟一边抽烟一边看，看完书，放下，对刘棣说，我随时能戒烟，可我现在还想接着抽烟。《离恨天》之后她又写了一部戏叫《念去去》，倪乐乐向她推荐了一款 Nicorette 尼古丁口香糖还有 IQOS 电子烟，唐娟用口香糖和电子烟度过了一周，然后又抽上了纸烟，她说，抽烟的一半乐趣就在点燃它的那个环节，看着它燃烧，烟灰散开，像生命一样，这种乐趣是电子烟替代不了的。

　　而后，倪乐乐又向她推荐戒烟门诊，朝阳医院东门外的呼吸病研究所，有专门的戒烟门诊，主治医生姓肖，免费门诊免费发药，已经有若干朋友在那里成功戒烟。倪乐乐每见一次唐娟，就推销一次戒烟门诊，隔三岔五就发送一条语音，督促刘棣带唐娟去戒烟。她说，你不能让她再抽烟了，你也不能让她再写那些破戏了，你要关心你的老婆，你要爱她，不能让她总是写啊写的给你挣钱。你应该带她出去玩，去日本去欧洲，去空气新鲜的地方。在刘棣看来，这是倪乐乐最友善的一次推销，她不关心唐娟是不是有灵感，能不能写作，剧本会卖多少钱，她只认定一件事，不能让唐娟再抽烟了。《离恨天》播出之后，唐娟终于决定去看戒烟门诊了。她肤色发暗，黑眼圈加重，嘴唇没有血色，头发枯黄，掉发严重，食欲不佳，痔疮时而发作。当年他们相识，唐娟的脸上带着光，七年的光景，她的脸上不再有神采，好像真的有一种叫神魄的东西离开了她的身体。

4

刘棣和唐娟在服用戒烟药的第一周，抽光了家里剩下的两条烟。四百支烟很快变成两百支，又很快从两百支变成一百支。家里所有的烟灰缸都插满了烟头，像一片片黄色的珊瑚。那几天，唐娟写的《离恨天》正在播出，每天的播放量都几千万地增长，她预感这部戏要火，总是心跳过快，要抽一支烟平缓一下，半夜醒来，也会抽上一支。剩下的烟越少，两个人就越慎重，拿起一支烟总要掂量一下，像是要烧毁世间的一个创造物。唐娟打开最后一包烟的时候,悠然说道:"抽烟是跟神灵交往,要是不抽烟了,我就没法跟神灵对话了。"屋里的音响正放着 Patti Smith 的一首歌,唐娟吐出一口烟:"要是不抽烟,Patti Smith 就写不出什么好东西来。"刘棣茫然地看着娟儿,忽然想,要不就让她抽下去,如果她已经60岁或70岁了,她就没理由中止吸烟,烟卷是她风烛残年的细小安慰,她满脸皱纹,抽着烟,烟灰扑簌簌地落在身上,也不用掸干净。他可以和她一起抽烟,烟燃到尽头,灼伤手指,一直到死。问题是他们还有许多艰难时光才能熬到那不知所终的未来。

唐娟又点上一支烟:"我有一个新想法,你要不要听听?"每当她有一个戏剧性的想法,总会说给刘棣听听。唐娟很认可刘棣的意见,她给刘棣讲过一个笑话,说有两个算命先生,一个对未来的预测会有 50% 的准确性,一个对未来的预测会有 30% 的准确性,如果找其中一个算命,你找哪一个?刘棣料定是一个坑,还在疑惑,唐娟就给出了答案,找 30% 的那一个,然后反其道而行之,这样就有 70% 的可能会走在正确道路上,她说:"对我来说,您就是那个总能算对 30% 的算命先生。"

刘棣坐到唐娟的面前,听她下一个剧本构思,唐娟在烟雾缭绕中讲故事："话说有一家饭馆，昼夜二十四小时营业，饭馆里供着一个关公，点着香，每天都有水果，有一个凉菜师傅，天天在操作间里拌凉菜，白菜丝萝卜丝豆腐丝土豆丝肘子肉酱牛肉，正对着关公。每天夜里三点，没什么客人的时候，凉菜就少一盘两盘的，也不知道被谁偷吃了，那是个监控镜头的死角。凉菜师傅留了个心眼，然后他发现，每到后半夜，这关公就眨眼睛。凉菜师傅偷偷加了一个摄像头，结果他看到什么了？每到后半夜，关公就活动活动胳膊腿，到操作间偷吃两盘酱牛肉酱肘花啥的，然后再回去，站成一座雕像。我想写一个戏，写关公现在遇到的问题，他活过来了，还能使刀，他找到的第一份工作就是在饭馆里做一个凉菜师傅，他天天站在那儿看着怎么拌白菜丝萝卜丝，学会做凉菜了，所以饭馆里就有了两个做凉菜的师傅。其中一个是关公。"

刘棣瞪大了眼睛："你这想法是吃药之后想出来的吗？"

唐娟望着自己喷出来的烟："吃药之前就有这想法，不知道怎么发展下去呢。我想啊，关公复活了，济公也复活了，还有好多土地爷也复活了，然后到处都在盖房子，土地爷都没地方待了。还有狐狸精，千年狐狸精也在世间乱窜，结果发现，到处都是小狐狸精。你觉得这个戏怎么样？"

刘棣摇头："我觉得太像《美国众神》了。"

唐娟掐灭了烟："滚！"

唐娟一生气，就会骂两句，"去你妈的"或者是"滚"，刘棣就安静地走开。他预计，家里的烟抽没了，唐娟的脾气就会变得非常暴躁，可能会骂更多的脏话。

不过，刘棣立志要过一种健康的生活。服药七天，神造完了天地并且歇了一个周末，第八日一早，刘棣醒来就穿上运动衣到街上跑步。清晨的凉风刺激着他的感官，他鼻腔内有太多污垢，肺活量不够，喉咙中像是有一个活塞上下运动。没跑几分钟，他就感到双腿变沉，背部隐隐作痛，太阳穴如针扎一般。刘棣放慢步伐，呼吸杂乱。他改跑为走，再次发誓一定要把烟戒掉。走了十分钟，他再加快步伐，忽然有了一种轻快之感，脚下的柏油马路变成一块灰色的松软的地毯，他双目平视，望向天际，其间有一个巨大的平面，如同一个溺水之人，头部冒出来看到的水面，波动，恍惚。他飘摇着走回家，上台阶，坐电梯，悬浮感时隐时现。回到家，他看到床上的唐娟如婴儿一般蜷缩着，半仰着头，呼吸似乎停止。

刘棣的饭量变大，他要吃下去更多的东西，以克服悬浮感，否则他就会轻飘飘地离开地面。他叫了更多的外卖，然后闻出来那股油腻的味道，他删除了所有的外卖软件，去菜市场买菜，在家做饭。他给唐娟做面条汤，做沙拉，做鸡蛋羹,端到床边,放到床头柜上。唐娟一直在沉睡,她偶尔醒来,胡乱吃一口,对着窗外的雾霾发发呆,伸手到嘴边,捂住嘴,打两个哈欠,再蒙着被子睡觉。几天后,床边多了几个矿泉水瓶子和几个装咖啡的纸杯,纸杯边沿和瓶子口都有细碎的齿痕,娟儿像一个啮齿类小动物,活动着口腔的肌肉,又像是一条冬眠的蛇。悬浮的刘棣飘荡到床前,看着娟儿沉睡,伸手探一探她的鼻息。两人戒烟后出现了不同的生理反应,但他们一直按时服药,分别享受悬浮和沉睡的状态。

戒烟七天后的清晨,在卫生间的镜子前,刘棣看到脸上原本的一层黑色退去,面部有光泽,嘴唇也泛起了红色,他惊叫一声,走到床前,端详唐娟的脸,唐娟眼睛紧闭,睫毛弯曲,脸色苍白,刘棣推了推唐娟:"嘿,看看我的脸,好像亮了一点儿!"娟儿翻了个身,抱住一个枕头:"滚!"

唐娟昏睡十天后醒过来,那是晚上十一点,屋外明亮,过分明亮如同白昼,附近一座写字楼竣工,楼上每一盏灯都点亮,整栋楼成为一个巨大的灯塔,白色光芒穿透一切屏障,普照世间。唐娟坐起来,好像听到刘棣的声音,夹杂着轻柔的钢琴,她起床,外面那座写字楼发出的光照得屋里一片白茫茫,她打开灯,推开刘棣那间窗户朝北的屋子的门,一张单人床,两年前他们分开睡的时候从宜家买来的;一张沙发,一排柜子，柜子上整齐地码放着唱片；一个书桌，书桌上摆着一台熊猫收音机，里面传来刘棣的声音："安静下来，不怀希望地等待，因为希望可能是对错误事情的希望；不怀爱情地等待，因为爱情可能是对错误事情的爱情。"他还是喜欢在节目中装神弄鬼地念两句诗，唐娟脸上露出一丝笑，把收音机的音量调大，前奏响起，主持人刘棣说，下面是电台司令的Creep，唐娟把音量开到最大，一曲终了，她听到刘棣说，下个月，Radiohead将在北京五棵松体育馆演出。有一股力量忽然注入她的身体，她起身，回到自己屋里，外面那栋五十多层高的写字楼像一根燃烧的蜡烛，似乎有欢呼声从四面八方涌来，有成千上万人尖叫着，唐娟把床单扯下来，把被罩拆下来，把枕套扯下来，她开动吸尘器，清理房间的每一个角落。

　　刘棣回到家的时候，唐娟洗漱完毕，穿着浴袍，一根皮筋将头发束在脑后，露出光洁的额头，她戴着橡胶手套清理厨房墙壁上的油垢，锅里炖着汤，蒸腾的热气在窗玻璃上形成一层雾，房间里满是消毒水的洁净味道，音响轰鸣，正放着Radiohead的一张专辑，唐娟问："电台司令真的要来北京演出吗？我以为他们早死了呢。"刘棣愣了一下："他们活得好好的呀。"

窗外那栋高楼的灯光未熄，刘棣和唐娟躺在一起，两人有很长一段时间没有触碰，所以刘棣有点儿缩手缩脚，他抱住娟儿："你怎么胖了似的？"这具七十公斤的肉体和这具四十公斤的肉体曾经镶嵌得严丝合缝，任何一点儿细微的变化都会被觉察，唐娟说："我估计这两天胖了三四斤吧。"她的手伸进刘棣的内裤。他摸着唐娟的胸，那一对胸的大小和触感，恰如他喝过的三元袋装鲜牛奶，200毫升，一只对一袋，他刚想嘬两口，就闻到了一股马应龙痔疮膏的味道，细微，清澈，他总是搞不明白，唐娟那么轻那么小，为什么还会犯痔疮呢？她坐的时间太长了吗？她前些天一直在躺着啊。

唐娟忽地坐起来："我有一个想法。"她推了推刘棣："如果死去的歌星，也开演唱会，你想去看谁的演出？你听明白了吗？"

刘棣靠在枕头上："我听明白了。"

唐娟问："你想去看谁的演出？大门？列侬？"

刘棣说："估计还是去看 MJ 吧。"

唐娟双手抱膝："假如有一天，到处都传说，可以去看幽冥演唱会了，大卫鲍伊、MJ、皇后的弗雷迪，都要在某个地方演出，但具体在哪里还不知道。你在北京的一个胡同酒吧里买了一张票，卖票的人告诉你，去公主坟坐车。夜里你就去公主坟坐大巴，上高速路，穿过一个隧道，大雾弥漫。雾中有很多大巴，一辆接一辆，车上的人都不苟言笑，有的是去看弗雷迪的，有的是去看涅槃的，谁也不知道演唱会究竟在哪儿举行。到一个岔路口停下，你看着有几辆大巴左拐，车上都是老年人，老太太扎着蝴蝶结，她们是去听邓丽君的。你忽然发现，这一车一车的坐的都是幽魂。你觉得这个戏怎么样？就叫《幽冥演唱会》。"

刘棣坐直了身子，看见唐娟脸上映着白色的光。

5

从健身房的玻璃窗望出去，能看见望京SOHO那三栋大楼的楼顶，如三个坟头。刘棣在跑步机上慢走，并列的另一台跑步机上，是一个体重两百多斤的姑娘。那姑娘叫罗斯，锻炼时总穿着一件公牛队1号罗斯的红色队服。每天早上九点半，罗斯准时出现在健身房，先慢走二十分钟热身，接着上一小时私教课，在跑步机上走四十分钟，然后是十五分钟的拉伸，拉伸结束，罗斯会在健身房吃午饭。她带着一个精致的日本饭盒，里面是西蓝花、鸡胸肉、紫甘蓝、玉米粒、小西红柿等，姹紫嫣红，每次打开饭盒，总有教练夸她，哟，罗斯，吃得真健康。哟，罗斯，手艺真不错。刘棣第一次和罗斯说话，也是夸奖她厨艺好，居然把没滋没味的健康餐搭配得色泽诱人。罗斯笑吟吟地说，我最拿手的是酱肉、酱牛肉、酱肘子、酱猪蹄，改天我露一手，给刘哥尝尝。她问，刘哥是搞音乐的吧？刘棣摇头，我在电台工作。罗斯笑，刘哥弄的歌单真好，我把那个 Movement 全拷下来了。刘棣初到这个健身房，觉得背景音乐太无趣，就把自己的歌单推荐给教练，叮嘱教练，他来锻炼的时候，就放他的歌单。作为一个电台DJ，刘棣的节目没什么影响力，但在这个小小的健身工作室，教练和罗斯都爱听刘棣推荐的歌，信奉刘棣的品位。这让他有一点儿心酸的满足。

罗斯姑娘在这家健身房里已坚持锻炼大半年，每天早上吃五个鸡蛋清一杯牛奶，踏上一辆平衡车出门，一大坨肉飘忽忽在街上移动，到健身房上课。每天中午健康餐，一周来六天，胸肩胳膊腿核心各部位循环往复地练，大半年过去，体重没什么变化。刘棣看着罗斯，不知道自己能否坚持半年，也不知道半年后能有什么效果，教练看出刘棣的疑虑，安慰他说："你看罗斯，动作非常灵活，你看她很匀称，不是那种梨形的胖，她是上下都差不多的胖，她的体重虽然没下来，但体脂率肯定是降下来了。"刘棣听了，再打量罗斯，胖乎乎的胳膊，胖乎乎的脸，总是笑吟吟的，像是从杨柳青年画里走出来的，也觉得她蛮可爱。

这一天训练完毕，刘棣在跑步机上以5.5的速度慢走，罗斯在边上也以5.5的速度慢走，像两条钟摆，找到了一样的节奏。猛然间电话铃声响起，刘棣低头看了一眼手机屏幕，是安徽芜湖的一个电话号码，随手挂断了继续走。没过几分钟，芜湖的电话又打了过来，刘棣看着屏幕上显示的号码，忽然想起了什么，伸手去拿电话，像是被烫了一下，手机掉在了跑步机上，然后又掉到地上。两人慢走的节奏被打乱了，刘棣捡起手机，坐到了休息区的沙发上。

刘棣几乎认定，打来电话的是Echo，但又不能百分之百地确定。一年多前的夏天，朗恩·卡特到北京Blue Note演出，芜湖音乐台的主持人Echo来采访，演出那天晚上，刘棣和Echo坐在Blue Note的餐桌边，同桌的还有两人，一个叫黑麦，做播客的，一个叫赵大宝，在虾米音乐工作。身高两米的卡特抱着低音提琴坐到台上，Echo侧身去看时，裸露的后背展现在刘棣眼前，美妙的音乐中，她摇曳生姿。席间，Echo说她当年在英国留学，喜欢上了英伦摇滚，曾在曼彻斯特看过绿洲乐队的演出，那次演出她挤在前排，被一位摄影师摄入镜头，后来有一本写绿洲乐队的书，刊登了这张照片，仔细看，前排疯狂的歌迷中，有一位东方女子的身影。那个叫赵大宝的，嘿嘿地笑着说，你肯定你看的是绿洲吗？Echo 说，是啊。赵大宝说，太荣幸了，你也是写进摇滚历史中的人物啊。Echo 听出其中的讥讽，刘棣看见她的脸上露出的一丝不快，连忙说道，嘿，今天晚上在 School 酒吧正好有一个叫阿司匹林的乐队演出，听说他们是英伦范儿的，要不要去看看？Echo 说，好啊好啊，我跟着你走。"我跟着你走"，这句话有强烈的暗示，然而那一晚他们没能享受鱼水之欢，接近了，但没有最终完成。

  罗斯从跑步机上下来，开始拉伸，两腿分开，伸直，上身向前，教练跪在她身后，上身贴住罗斯的后背，两只手托着罗斯的胳膊，用自身的重量向前压，罗斯两只胖胖的手努力去碰脚。刘棣看了一眼，觉得那个拉伸的姿态有点儿淫荡。他把电话打回去，几声铃响之后，他听到了 Echo 的声音："喂。"

  刘棣像是在电台里向听众问候："嗨，你好。"

  Echo 在电话那边说："想起我是谁了吗？"

  "当然，一直惦记着你呢。"刘棣说。

  "你最近怎么样？"

  "挺好，都挺好。你怎么样？要来北京吗？"

  "Radiohead 真的要来北京演出吗？"

"是啊,五棵松体育馆。你要来吗?"

"我肯定要去啊。"

"那我给你找票。"

两人闲扯了几句,挂断电话,刘棣心跳加快。感谢伟大的音乐,感谢伟大的音乐家,朗恩·卡特让他们相识,Radiohead 让他们再次相遇,他们五百多天之前似乎有一个约定,那是一个应许之炮,在经过了五百多次日出日落,数以千计的空虚无聊的时刻之后,音乐将令他们丰实充盈。在 Creep 的歌声中,刘棣将把 Echo 揽入怀中,然后进入她的身体,与五百多天以前的场景顺畅地对接起来。那天从 Blue Note 出来,刘棣带着 Echo 去了 School。夏日的北京夜晚,胡同里弥漫着一股啤酒和烂西瓜的味道,酒吧里人挤着人,每一张汗津津的脸上都有一双过于活泼的眼睛。阿司匹林乐队唱的是英文歌,刘棣也听不清他们唱的是什么,他的注意力都在 Echo 身上。他被撞了一下,手中的啤酒洒在 Echo 胸前,不知道是不是该伸手去擦,Echo 笑着说,太热了,正好凉快凉快,她把手里的半杯啤酒倒在自己身上,身上冒出的热气蒸腾,散发出一股肉香。刘棣把她揽在怀里,亲吻,右手伸进她的裙底。

健身房的沙发正对着一面墙,墙上挂着一台电视,循环播放着维密大秀的录像，借此刺激会员们更刻苦地训练。刘棣目光呆滞地看着电视，回味那个夏天夜晚手指冰凉的触感，忽然沙发另一侧沉了下去，罗斯坐了过来。质量使空间扭曲并产生引力，刘棣想起他看过的一个视频，有一位教师在一张大床单上解释空间与物体的关系，床单上有几个铁球来比拟星球，质量使空间塌陷。他晃晃脑袋，努力回味手指上的冰凉触感。那天夜里，大概两点多了，他们从 School 出来，嬉笑着走在胡同里，然后叫了一辆车，到 Echo 住的桔子酒店，酒店是一栋灰色的三层小楼，Echo 的房间在二楼，他们进了电梯，电梯门关上，迟迟没有动静，而后轰地颤动了一下，又迟迟没有动静，正疑心电梯是不是坏了，门颤巍巍地打开。两人进了 208 房间，屋里除一张大床之外没多少空间，Echo 先去洗澡，她把卫生间的门锁上，卫生间与房间的隔断是一面玻璃墙，里面有百叶窗，Echo 把百叶窗放了下来。刘棣看到床头柜上摆着一个小小的玻璃鱼缸，一条红色金鱼游在其中，这家酒店为什么会在床头摆上一条金鱼呢？他们能照顾好房间的每一条鱼，所以就会照顾好房间里的每一位住客？也许他们只是从花鸟市场上买来一大桶金鱼，每条金鱼大概也就一两毛钱，放到鱼缸里，给房间增加一个景观，一条鱼死了，他们就再换上一条新的来，根本不用喂，只等着一条

41

鱼静静地死去。刘棣盯着那条金鱼看了好久，Echo好像从卫生间里的一条秘密通道里消失了。淋浴喷头的水声，抽水马桶的声音，吹风机的声音，逐渐平息下来，Echo裹着浴巾出来，手里拿着衣架，衣架上是刚刚洒上了啤酒的礼服裙，她不仅洗了澡，也把这件裙子的前襟精心地清洗了。刘棣去卫生间洗澡，调整呼吸，等他从卫生间出来，发现Echo穿着一件T恤闭目躺在床上，似乎已沉沉入睡。他上床，抱住Echo，她含糊地说了一句，别闹了。他不甘心，继续揉搓，Echo还是不配合，说，别闹了，头疼。刘棣感到无趣，他停手，躺在边上，迷迷糊糊地过了一个多小时。天光已泛白，Echo起身，打开一瓶矿泉水，咕嘟咕嘟喝下去半瓶。刘棣坐起来，怎么不睡了？Echo说，我饿了，我想去吃炒肝儿，我还从来没吃过炒肝儿呢。

　　清晨的北京，有厚重的乌云，刘棣和Echo到了鼓楼脚下的炒肝店，第一锅炒肝儿正要出锅，大师傅拿着一盘子蒜末儿淋到锅里，刘棣吃了一碗炒肝儿一屉包子，不过瘾，又要一碗炒肝儿，Echo拿着勺子搅和着那碗浓厚的酱油和淀粉熬成的汤："这炒肝儿不好吃啊。"

　　刘棣说："北京就没什么好吃的。"

　　"我觉得涮羊肉挺好吃，烤鸭也好吃。"

　　"嗯，这两样还凑合。可豆汁儿、炒疙瘩、炒肝儿什么的，都不怎么好吃,都是穷苦人吃的,早上吃包子吃炒肝儿,这么厚重的油水,吃完了就能干力气活儿了。芜湖有什么好吃的?"

"有包子,小笼包,还有藕稀饭,用桂花藕熬粥。你什么时候到芜湖来,我带你去吃。"

"好啊。"刘棣随口应道。

Echo 终于把一碗炒肝儿吃完,推开碗筷说:"能一起吃早饭很不容易,有时候喝多了,搂搂抱抱的,酒一醒,恨不得立刻消失不见。我们两个折腾了一晚上,还能坐在这儿说说话,真是不容易。"

"我们没折腾吧?"

"下次再折腾,下次。我常来北京。"

刘棣把这句话当成了约定,Echo 要回酒店收拾行李,赶早上八点一刻的火车回芜湖。两人在鼓楼下告别,炒肝儿的蒜味儿还在口腔中,两个人没亲嘴,草草搂抱了一下,期待下次相会。后来某一个寂寞的晚上,刘棣给 Echo 发了一条微信,"我们还是应该打一炮。"他非要确认一下 Echo 的约定,结果第二天早上收到回复,Echo 说:"我男朋友看见了。"刘棣不知该如何回复,过了几个小时,发现自己被拉黑了。这本是一次不太成功的艳遇,却深深刻在刘棣脑子里,因为那是他最近一次几乎成功的艳遇，此后五百天的时间，刘棣没有再和哪个女子有肌肤之亲，和唐娟例行公事的几次，每一次都草草了事，让他觉得做了还不如不做。唐娟和刘棣婚前，有一次聊到炮友这事儿，唐娟说，搞艺术的，就应该多睡几个人。刘棣听了，想当然地以为这是对他的纵容，不过，一个电台 DJ 实在算不上是搞艺术的，那唐娟这话什么意思呢？为她自己开脱？一个写剧本的也算不上是搞艺术吧？但不管怎样，刘棣把唐娟这句话当成了一种豁免权，他不必忠贞，他可以多睡几个。

　　刘棣坐在健身房的劣质沙发上，想念五百天前摸过的肉体，Echo 带着层层叠叠的回响。眼前的电视上，正是霉霉在唱歌，刘棣还从没见过穿着黑丝内衣的霉霉，瞪着眼睛看。罗斯似乎认识每一个模特，每有一个戴着翅膀、身着镶钻内衣模特儿的特写，罗斯就喊出模特儿的名字，哇，贝拉，哇，小泰山，哇，芭芭拉，哇，大表姐。

　　刘棣喝了一口水："你都认识啊？"

　　罗斯笑："差不多。刘哥想上哪一个？"

　　刘棣差点儿呛到，咳嗽了一声："你说什么？"

　　罗斯说："这么多漂亮模特儿，刘哥喜欢哪一个？这么好看的身体，我看着都来劲，刘哥不想弄一个吗？大名模，想过吗？"

刘棣摇头："没想过。"

罗斯笑："刘哥谦虚了。"

刘棣说："这我谦虚什么呢？我真没想过，她们一个个那么漂亮，高高在上的，真没想过。"

罗斯笑："我怎么整天就想着基努·里维斯啊。刘哥在电台工作，应该认识几个演员模特儿吧。"

刘棣说："我真没想过这些，模特儿演员什么的，离我太远了。"

罗斯笑："刘哥还是接地气，那你想过什么近的吗？"

罗斯还是笑吟吟地看着他。

刘棣感到屁股下的沙发又沉了一下，从罗斯那里传递过来万有引力。他心中想念着 Echo，身上散发出求欢的气息，这气息被身边的罗斯姑娘准确地捕捉到了。

6

如果说这些年刘棣学到了什么生活经验，那"不抱希望"应该算一条。一笔看似能挣到的钱，在汇入你的账户之前，还有很多变数。一场激动人心的演出可能会取消，一个春心荡漾的约会可能是空欢喜。但总得有一个事儿，能让人兴奋起来，能有点儿盼头，虽然失望经常随之而来。刘棣知道这个道理，他满心欢喜地期待 Radiohead 驾临，期待与 Echo 践行他们的应许之炮，但也隐隐感觉这事儿未必能成。很快就有风声说，Radiohead 的演出八成要黄。筹办演出的是一位大姐，早年间是民歌演员，喜欢皇后乐队，后来办起个演出经纪公司。刘棣给这位大姐打电话询问演出的消息，电话总是忙音。他看见朋友圈里有人发出哀叹，说大家不要再等"电台司令"了。很快，Echo 打来电话问："听说电台司令的演出取消了，你那儿有确切消息吗？"刘棣说："凶多吉少，看样子是不成了。"Echo"呃"了一声说："真可惜。"听得出来，她的语气中真是满满的惋惜。放下电话，刘棣收到演出经纪大姐的微信——"非常抱歉也非常难过地通知大家，这次 Radiohead 的演出，因为一些技术原因，不能如期进行。感谢你们的帮助。"短短一句话后面跟着一串双手合十的表情符号。刘棣想回信问问，这事儿是否还有缓儿，会不会延期，敲了两个字又觉得自己的问题太可笑。刘棣收拾心情去上班，戴上大耳机，坐在地铁里，用手机查看几个月后东京一个音乐节的演出阵容及购票方式，也许在温暖的夏天，刘棣可以和 Echo 一起去东京，在音乐节上能看到三十多支乐队的演出，缠绵三五日。

　　刘棣坐在办公室准备节目的播放列表，周五的晚上，窗外的车水马龙，他忽然倍感孤单，这未能进行的演出，唤起他对 Echo 的渴望，或者说，唤起他对一个女人的渴望，演出取消了，强烈的渴望却没有消退，相反，它丧失了一个具体的目标，变成了一个不知对什么人产生的渴望，刘棣不知道该怎样满足这个空洞洞的渴望。他在办公室里翻腾，想找出一支烟，戒烟已经快一个月了，他没有复吸，可现在他就想抽上一支烟，他烦躁，焦灼，就想抽上一支烟平静下来。电台大楼里禁烟，办公室的抽屉里没有烟，倒是有一个打火机，刘棣试了一下，火焰蹿出来很高，把打火机装在兜里，下楼，到电台大楼的门口，有一位同事正在外面吸烟，那位同事北京广播学院播音系毕业，经过四年专业训练之后变成了一个结巴，他平常负责技术工作，没事儿就在门口抽烟。刘棣过去，要了一支烟，点上，深深吸了一口，烟臭令人作呕，他又吸了一口，感到脑子一阵眩晕，身后站岗的武警好像扑了过来，要把他扑倒在地，同时大喊着：你怎么又抽烟了！你怎么又抽烟了！刘棣不自觉地打了个趔趄，站稳，看看手里的那支"黄鹤楼"，再小心地吸一口，好了，这一下舒服多了。他脑子里晕乎乎的，掏出手机看看时间，狠狠吸了两口，把烟蒂扔到垃圾桶里，偷眼看了一下站岗的哨兵，哨兵面无表情，注视着前方。同事说，再，再来一根儿？刘棣摇摇头，上楼，进直播间。

刘棣推上音轨，播放《香烟与巧克力奶》，歌中唱道：香烟与巧克力奶，我要的就是这两样，我喜欢的就是一点一点更强烈，一点点更浓，一点点伤害。歌声渐弱，刘棣对着话筒说起来："我还记得电影《大门》的开头，这个电影是奥利弗·斯通导演的，讲大门乐队的故事。开头第一个镜头，是一根火柴划着了，火焰开始跳动。有时候，一首歌就像是一根火柴，唰的一下，就把我们心里什么东西给点燃了。可惜莫里森早死了，他死了好几年之后，我才出生，根本不可能去看他的现场演出。"刘棣握紧手中的打火机，停顿了几秒钟，有背景音乐响起，他接着说："最近你们可能去电影院里看了《波希米亚狂想曲》，看这个电影，好像能回到1985年的那个演出现场，可我们知道弗雷迪早死了。皇后乐队前几年还去上海演出过一场，可我们知道，那不是真正的皇后乐队了。大卫·鲍伊也死了，你看他最后留下的那支《拉撒路》，他肯定知道自己活不长了。拉撒路是《圣经》中的人物，拉撒路死而复生。这是神话故事，人死了就是死了，不可能复生。但那些歌手，那些音乐家，他们留下的歌曲，还是像火柴一样，能点燃我们。电影啊 MV 啊,这些影像似乎可以让一个人永生。从艺术史角度来说,人们给逝去的先人画一张像,就是想让他永生,图像就是用来对抗死亡的。那些死去的歌唱家,也许会在某一天复活,重新开一场演唱会。也许是全息影像的技术,也许是虚拟现实的技术,我们可以回到 1966 年去看一场大门演唱会,回到 1985 年去看皇后乐队的演出,一切都像真的一样,像是我们穿越了回去,像是他们复活了,像是他们从来没有死去,如果真有这么一天,你会想去看谁的演唱会呢?你可以留言给我。"

刘棣播放下一首歌,手岛葵演唱的《玫瑰》,他觉得今天准备的歌单和他谈论的话题没什么关系,如果多给他半个小时,他能整理出一个情绪上更贴切的歌单,不过,刘棣是在抽完烟上楼那一刻,才决定聊聊这些死去的歌手,不可能有更多准备的时间。他盯着眼前的电脑屏幕,后台有两条留言跳出来,歌声渐弱,刘棣说:"这位来自北京的朋友,网名叫哒哒鸭,她说她要去看 MJ 的演唱会,是啊,谁不想去看 MJ 的演唱会呢?假设有一天,你接到手机短信,说要去看 MJ 的人都去六里桥坐车,然后你就到了六里桥,坐上大巴,汽车开啊开,到了良乡,过了琉璃河,高速公路上你看见另一辆大巴,上面坐了好几百人,都是上了年纪的大爷大妈,有的大妈，穿着公主裙，头发上扎着蝴蝶结，还拿着荧光棒。你不知道那一辆车是往哪里开，也许他们是去看邓丽君的。其实，你也不知道自己坐的这辆车开向哪里，在一个乌有之乡，有一场招魂式的演唱会，也许有很多场招魂式的演唱会，我们看不到的，我们错过的演唱会，都在那里举行，有缥缈的不可捕捉的旋律在飘荡，引导着我们前去。你看到的可能是幻象，你知道那只是幻象，可什么东西不是幻象呢？它倏忽出现在你面前，又倏忽消失，你想要伸手去捕捉，却什么也捉不到，什么也触碰不到。"刘棣有些激动，他调整一下呼吸，接着说，"这位朋友的留言有意思，这位朋友的名字叫轱辘轱辘转，他说他要去看一场拜罗伊特的瓦格纳，去看《尼伯龙根的指环》。我来念一下他的留言——'我要去拜罗伊特节日剧院去看瓦格纳，与其说是去朝拜瓦格纳，不如说是去朝拜他设计的这座剧院。这座剧院是为《尼伯龙根的指环》而建造，《帕西法尔》是为这座剧院而写。为了成为完美的音乐家，必须成为建筑师。为了成就完美的建筑，需要伟大的音乐降临。'这是轱辘轱辘转的留言，他要去拜罗伊特节日剧院，估计他开始预订夏天的门票了，每年全球有几十万人会抢购节日剧院的门票，希望轱辘轱辘转能幸运地抢到一两张门票。你如果有幸抢到了，赶紧去看。但你肯定不会穿越到一百多年前，和瓦格纳、威廉皇帝、李斯特一起看演出了。"

刘棣播放下一首歌，看电脑屏幕，后台迟迟没有新的留言，哒哒鸭和轱辘轱辘转的那两条留言，在时间线上显示已经是八分钟以前了，八分钟过去了，没有新的留言进来。他的节目好久以来都是如此，没有太多人收听，更没有什么人留言。刘棣愣愣地看着窗外，深夜的街道依旧繁忙，来向的车辆是一片黄灯，去向的车辆是一片红灯，如果有一个夜归人，在车上听到他的节目，可能听不懂主持人在发什么神经，这主题不像是"今天晚上吃什么"或者"你买过最后悔的东西是什么"，你可以随时参与讨论，刘棣知道，轱辘轱辘转的留言，其实是"最想去看的音乐会"，他没听明白"幽冥演唱会"的设定，实际上，这个设定很难说得特别清楚，让听众一下子就明白。刘棣感觉自己有些可笑，他的节目应该是轻松的，帮助人们入眠的，他不应该谈论死亡，更不应该谈论幽冥。他决定按部就班播放自己准备的歌单，再不多说什么了。到节目结尾时，也没有新的留言。

这个夜晚，唐娟在收听刘棣的节目。自从知道 Radiohead 要来演出的消息之后，唐娟总会准时收听刘棣的节目。她听出来，刘棣的声音中有一丝欢愉，她不知道那一丝欢愉来自对另一个姑娘的渴望，但她能听出来，相比于朝夕相处的那个人，电台里的刘棣好像更轻松一些。自打戒烟之后，唐娟爱上了一种零食，天士力药厂生产的大山楂丸。小时候她肠胃不好的时候，吃过这种药，蜡丸包装，用力掰开，露出浑圆饱满的一粒药丸，很小心地咬下一小块，慢慢地嚼，喝一口温水，甜丝丝的滋味在口腔充盈，那是一块巨大的糖果，能吃半个小时。香烟带给口腔的快感被禁止后，唐娟开始买大山楂丸，她找到蜡丸包装的那种，却觉得里面的药丸变小了，也许是药厂偷工减料，药丸做得越来越小，也许是她长大了，物体大小随观察者的变化而变，最终她选择了大塑料袋装的天士力楂丸，像一袋花花绿绿的糖果，每一粒药丸都用锡纸包装，撕开，里面是一粒饱满的山楂丸。她一粒接一粒地吃，酸酸甜甜，从口腔到肠胃都感到舒适。倪乐乐告诉她，天冷的时候吃山楂，会引起胃部不适，山楂是碱性的，胃酸过多会包裹住未消化的食物，形成"胃石"，苏打水是酸性的，碳酸饮料是酸性的，所以吃山楂应该搭配苏打水或者可口可乐，两种东西会在肚子里达成酸碱平衡。唐娟不知道倪乐乐说的是不是有道理，但她尝试了一下，苏打水和山楂丸的确很搭，烟草在她大脑中引起的化学反应被强行中断了，那么她想让苏打水和山楂丸在她的肠胃里开始一种新的反应，必须有什么反应在她的身体中进行，她才会感到舒适。唐娟在这个夜晚等刘棣回家，吃下一粒又一粒山楂丸，喝下两大杯苏打水。刘棣进门时，看见餐桌上散落着几十个大山楂丸的包装锡纸，一时不知道怎么跟自己的老婆打招呼，你还没睡啊。可唐娟一直都过着黑白颠倒的生活，这本就不是她上床睡觉的时间。

唐娟说："你坐下。"

刘棣坐下，半拉屁股在椅子上，半拉屁股在外面。

唐娟的眼泪忽然掉下来："我知道你一直看不起我的工作，觉得我写的都是狗屎。"

刘棣有点儿慌："你怎么啦？"

唐娟接着说："我不在乎你怎么看，但我的东西就是我的东西，你不能偷了我的东西，在自己的节目中胡说。那是我的想法，是一个核儿，所有的戏都要从这个核儿里生长出来。你以为那是什么？是一个段子？你听来一个段子，就在节目中对几百万人说？"

刘棣摇头："根本就没什么人听我的节目。你是说幽冥演唱会吧？我觉得你的想法特别好，所以我才会说呢。"

唐娟也摇头："我不用你觉得好，也不用你觉得不好。你做了什么都不会觉得自己是不对的，因为你根本不在乎我的想法。"

"根本就没几个人听我的节目，听了也不往心里去，也不会记得，你的想法还是你的。"

唐娟语气平静了一些，态度更为郑重，像是在法庭上陈词："这是我的想法，是我讲给你听的。但它的著作权在我。"

刘棣有些生硬地说："对不起，我错了，我不该说，不该偷你的东西。"

唐娟摆摆手："一个想法，没人知道，那就是我的，我自己的。被你说出去了，有别人知道了，不管是一万个人知道了，还是一百个人，不管他们记住没记住，哪怕只有一个人知道了，这个核儿就不再是我自己的了。你就把它毁掉了。"

刘棣生气："那你一开始就不应该跟我说。"

唐娟愣了一下："是，我以后再也不会和你说什么了。我不想和你说话了。"

她站起身，回屋。

刘棣坐在餐桌旁，觉得唐娟有些不可理喻，他从满桌的包装纸中找出两个未拆开的大山楂丸，囫囵吞下去，回到自己的屋里。躺在床上，翻来覆去睡不着，到了五点才迷迷瞪瞪入睡。八点又醒了，起身收拾东西准备去健身房，接到电台节目组主任的电话，要他赶紧到电台去一趟。刘棣坐地铁赶到电台，和主任谈话。主任的谈话要点：昨晚的节目内容失当，属于播出事故，要刘棣写一份情况说明，此其一；刘棣的直播节目暂停，夜晚 11 点的那档节目改为录播，此其二。谈话只进行了二十分钟，谈话结束，刘棣离开办公室，走出电台大楼，不知道该去健身房，还是该回家，他想对唐娟说，我的节目停播了，这就是你要的结果吗？这就是你对我的惩罚吗？好在他还有理智，知道这个结果跟唐娟一点儿关系没有，这完全是他咎由自取。他不该在节目中说什么幽冥演唱会，他不该说任何有意思的话，也不该说让人听不懂的话，他本来就不知道该在这个节目中说什么，但没有了说话的机会，又觉得心里空落落的。他站在街上，听着车流人流发出的噪音。

7

"好事，我觉得是好事。你早该离开电台，去干点儿别的。"托尼坐在对面，双手交叉，十指相扣，手腕上的切利尼手表闪亮："节目不做了，正好是个机会。要不然你不会做出改变的。话说你这个节目做了多少年了？"

"差不多十年了，中间略有一点儿变化，但都是夜间节目。"刘棣把一袋糖倒入咖啡。

托尼面前是一杯气泡水，一片柠檬无精打采地悬浮在水中。咖啡馆里有一个真人大小的塑像，年轻女士，坐姿，一手放在桌上,一手托腮,半仰着头往上看,塑像就在刘棣和托尼的中间,看上去像是三人围坐,那个无生命的塑像在听这两个男人对话,她似乎能听见刘棣说不出来的一些话——他的节目停了,绩效工资没有了,收入会减少一大半,他每月要还贷款,他的存款虽然可以应付一阵儿,但他还是有点儿慌。这些话刘棣没有讲给托尼听。

托尼看着眼前的这杯水:"你浪费了十年的时间。你知道吗?你这个工作是寄生虫性质的,你要是寄生在一个蓬勃向上的行业,就会挣点儿钱,比如汽车、房产或者体育,如果你在一个没落的行业里当寄生虫,那就没什么钱,音乐都变成免费产品了,音乐产业都不行了,你从哪儿挣钱呢?"他手一摊,没有再说下去。

"说不了两句你就要扯到产业上,好像就没你不懂的产业。"

刘棣和托尼是大学同学,大二的时候一起参加了一支乐队,刘棣是键盘手,托尼是弹贝斯的,乐队的灵魂人物叫四毛,鼓手是一个美国留学生,他们翻唱科恩、地下丝绒乐队的一些歌,也排练一下四毛写的歌,每次排练,托尼对四毛的作品都有些苛刻的意见,"这首歌太简单了吧"或者"这个歌词太肤浅了吧",四毛耐心地听取意见,想知道该怎么改进,托尼就说，你看看《圣经》，用的词多简单，但意味深长，你看看海明威的小说，句子很简单，却是有韵脚的。四毛想不明白自己的歌跟《圣经》或海明威的小说有什么关系，乐队维系了两年的时间，终于不欢而散，刘棣事后回想，都不明白当初这个乐队怎么能组织起来。

托尼盯着他，不说话。

"我还能干啥呢？我都四十多了。"刘棣瘫坐在椅子上，挠了挠头。他不太敢和托尼目光直视，眼神飘忽。自打托尼有钱之后，刘棣越来越少直视他的眼睛。

托尼硕士毕业后进入一家互联网公司，干到三十岁，行使期权，然后将全部的钱投入到一位离职创业的同事那里，没过几年，那家创业公司上市，托尼身价倍增，其发家致富的速度让刘棣惊叹。两人酒酣耳热之际，刘棣赞叹，你丫变成一个有钱人了。托尼不以为然："有钱人？我这样就算是有钱人了？看样子你还真不知道什么叫有钱人。"这句话深深伤害了刘棣，似乎他的眼界和见识离托尼太远了，对"有钱"和"有钱人"的判断标准都不在一条线上。不过，托尼不止一次说过，钱只是一堆数字，如果刘棣遇到什么麻烦，需要钱的话，"Let me know！"所以，刘棣在节目停播之后，还没有将自己的窘境告诉唐娟，就先约见托尼，他想让托尼介绍个工作吗？好像还不用。要向托尼借钱吗？好像还不用。他只是想让托尼知道，他遇到麻烦了。他内心有点儿慌，但还是能用懒洋洋的、满不在乎的语气说话。

托尼喝了口水："你感兴趣的是什么？最有热情的事是什么？"

刘栟觉得这个问题有点儿荒谬，像是在大学宿舍里讨论过好多次，他说："音乐啊。"见托尼没什么反应，他又说："我感兴趣的事就是音乐。"

托尼摘下眼镜，揉了揉鼻根，又戴上眼镜："精神分析中有这么一种说法，每一个成年人的兴趣都隐藏着很多东西。他真的对音乐或者足球感兴趣吗？他这个兴趣从何而来？怎么坚持下来的？从来没有消减过吗？他是不是在逃避更真实的东西？他不断强调自己的兴趣是为什么？"托尼盯着刘栟，刘栟低头喝咖啡，托尼继续说："你喜欢音乐，买唱片，买随身听买各种小音响，买耳机，你标榜自己的音乐品位，在电台里跟别人聊你喜欢什么音乐、他喜欢什么音乐。这个事情有什么意思呢？你从来就不是一个创作者，你在电台里掌控一点儿话语权，别人生产出来什么东西，好像你有资格来判定这是好音乐那是坏音乐，这有什么意思呢？谁在乎你说的这些呢？现在的孩子想听什么音乐听不到？他干吗要听你说三道四？好，你说，我根本就不要当这个权威，我就是服务，弄点儿好听的小曲儿哄大家睡觉。可没人想睡觉怎么办？大家都想在夜里嗨。白天忙着工作十二小时，晚上再睡八小时，那就没时间玩了，就在夜里玩。你给他们听什么？谁需要你？谁需要电台？有好多工作都是假装自己被需要，谁需要一个夜间的音乐节目？你就把它当成个工作就行了，但你千万不要说，我的兴趣是音乐，我的热情是音乐，每个人都有一个iPod，都有一个手机，想听什么随时听就是了，干吗需要你给他们播音乐？你的兴趣就是给人播音乐？录音机里有一个播放键，你的兴趣就是帮人按一下那个播放键？诚实一点儿，对自己诚实一点儿，那点儿假装权威的话语权没什么意思。别老骂这个时代没文化，大家都听音乐，都听你的，才叫有文化吗？"

刘棣发愣："我本来想让你宽慰我几句，你他妈的倒净说大实话。"

托尼摇摇头："我安慰你干吗？你没事儿就老安慰自己，没事儿就听一首歌安慰自己，工作的时候也是，放一首歌安慰自己。过于频繁地安慰自己。这没什么意思。我觉得你应该更诚实一点儿，不要怨天尤人。你想要什么？一个音乐节目？那是自欺欺人。如果你真有那么多想说的，好，做一个播客，不管有没有收入，不做这个事你就觉得活着没劲，拼死也要做这个事，那才是热情所在，那才值得去做。"托尼停顿了一下，像他这样的成功人士，总免不了要拿自己做榜样激励别人，他接着说："你记得当年咱们在新街口那个琴行看见的那台斯坦威吗？六十多万？我当时看着那个琴，就想，什么音乐？我才不喜欢音乐呢。凭你我那两下子根本就不配碰那样的琴。那个琴的声音真好听，那是钱的声音。我对自己老实一点儿吧，我喜欢的是钱。"托尼摊摊手，两手之间好似有堆积如山的现钞，"你喜欢什么？"

"我喜欢姑娘。"刘棣说。

"这倒是句实话。"

刘棣打量托尼，想起当年他们乐队在宿舍里打麻将，托尼总是憋着做大牌，不管起手的牌有多烂，他都想做大牌，七对或者清一色，这种坚持简直到了非理性的地步。后来托尼向他解释过这样做的理由，假设你有机会获得十万块的现金，或者有二分之一的概率去获得二十万现金，你会怎么选？如果是十万现金和十分之一的机会去获得一百万，你又会怎么选？穷人永远会选现金，落袋为安，富人更看重机会。当年他们在琴行里看到那台斯坦威钢琴，刘棣随口感叹太贵了，托尼摇头，用英语向他解释，在这里不能说太贵了，那台琴六十万，如果你有五十万，你可以说它太贵了，如果你有十万，你可以说你买不起，但如果你只有几百块钱或者几千块钱，那架钢琴对你来说不是太贵了也不是买不起，而是它超出了你的能力范围，明白了吗？在你的负担能力范围之外！这世上好多东西不是太贵了，而是在你的能力范围之外！那一刻，托尼就在给刘棣上课，要对自己诚实一点儿，语言中有很多小花活，是骗别人的，也是骗自己的。刘棣想着二十年前的托尼，也打量着眼前的托尼，他寸头，脸上棱角分明，看上去就像是三十出头的人，他早年以马友友为偶像，说他学大提琴就是受马友友的影响，他一直圆脸，微胖，三年前滑雪摔伤了腿，养病期间整个人浮肿了，腿伤痊愈之后，他开始跑步，坚持一年，然后开始到全国各地跑马拉松，瘦了两圈，脸形也变了，简直是脱胎换骨，这种外形的变化彰显着两人身份地位的不同。约见托尼也许是一个错误的决定，完全是自取其辱。

邻桌坐着几个韩国主妇，她们点的饭菜上桌了。这家咖啡馆的招牌菜是韩国泡菜炒五花肉配意面，传统的肉酱意面再加上色泽红艳的泡菜炒五花肉，引来几位主妇的赞叹。

托尼问："你老婆怎么样？挺好吗？"

"还行吧。"刘棣说了一句谎话。

"我看你老婆非常聪明，唐娟，唐娟非常聪明。你别看她整天写那些妖魔鬼怪的东西，但她非常聪明。你知道这世上少数人是负责设定程序的，大多数人都活在别人设定的程序中，你老婆就是设定程序的人。你那工作没意思，因为电台DJ不再是设定程序的人。"

刘棣决定还是诚实一点儿："我跟她也有麻烦，不知道会怎么样。"

托尼倾身向前，好像第一次对他们的谈话感兴趣："怎么个状况？"

刘棣说："也说不上是什么状况，就像是袜子，你穿过一阵儿，经常洗，袜子看着还挺干净，就是变硬了，水质的问题，水太硬了，袜子也变硬了，穿着不舒服。每一次都是穿上新袜子的时候最舒服，穿几个月就不行了。"

托尼沉吟片刻："我听人说过，婚姻像鞋子，舒服不舒服只有脚知道。你说婚姻像袜子，我倒是第一次听说。"

刘棣两只脚叠在一起，两只帆布球鞋是脏脏的。

托尼问："你们多久不上床了？"

刘棣一下有些害羞："还真有这么问的？我以为这都是电影里的问题呢。那些好莱坞的电影，好多丈夫啊老婆啊会说，我们好久没做爱了。我看到这场面的时候就奇怪，老夫老妻的不上床难道不是很正常吗？"

托尼盯着刘棣："我要结婚了，所以我想听听你的经验。"

刘棣吃惊："你要结婚了？"

托尼回答："我要结婚了，可能还会生一个孩子。不是可能，是肯定会生一个孩子。"

刘棣问："是奉子成婚？"

托尼摊手："早晚的事。"

刘棣说："恭喜啊！新娘是谁啊？"

托尼说："你来参加婚礼吧。五月份，回头我把请柬寄给你。"

刘棣笑："好啊好，恭喜。你应该结婚，你丫挣了那么多钱，得让老婆孩子帮你花。"

托尼笑："她有钱。"

刘棣骂了一句："操。"

托尼收起笑容："前些日子，我在边上那个金辉大厦开会，顶层，玻璃幕墙，我就隔着窗户往外看，外面有好多楼，有一大片建筑工地，有几个办公楼都用上了，中午的时候，一大帮送外卖的队伍围上来，一大帮白领从楼里出来，就在楼下交接，塑料袋里装的全是特别难吃的油乎乎的东西。这一天得消耗多少塑料袋啊，听说现在海里面都是塑料垃圾，鲸鱼会把塑料袋吞到肚子里，我们吃的海鲜，里面都检测出塑料成分。我觉得这世界都快不行了，人太多了，我那天往楼下看，一群蚂蚁似的人，骑着电动车骑着那些破自行车，忙忙碌碌的也不知道在干啥，整天制造那么多的垃圾。我当时有一个特别强烈的想法，要是我死了，我跟这世界就没任何关系了，这世界很糟糕，可它热气腾腾的，谁也不管会不会有末日来临，我就想，凭什么让他们丫瞎糟蹋啊？我还是应该有个孩子，让我的孩子来享受吧。"

刘棣皱眉："我听不懂你这个逻辑关系。"

托尼把杯子里的水喝光："我最近又去看心理医生了，还是那个吴医生。我劝你也去找个医生聊聊，那个吴医生真的不错。你别看你以说话为职业，可你还是需要找一个人聊聊，他能帮你解决问题，你和你老婆的问题，你自己的问题。有一个说法，一个人不可能长久地爱一个人，只能在长时间内，不断地爱上同一个人，这才是婚姻。还有个说法，说人的一生主要就是三个阶段：第一个阶段是和死人一起生活，这说的是学习阶段，总要学先人的经验。第二个阶段是跟活人一起生活，工作啊挣钱，跟活人打交道。第三个阶段是和自己相处，这是中年以后的事，所谓中年危机啥的，就是要学会和自己相处。你的事，先别着急做决定，你先把自己搞清楚。

记住,别对自己说谎,诚实点儿。你得问自己,如果你此时不在此地生活,你会去哪儿,你想干什么?然后你就去那儿,去干你想干的事。"

刘棣笑:"你真是去看心理医生了,这小金句不断啊,我得拿一个本记下来啊。"

"医生才不会说小金句呢,他主要是听你说。"托尼看了看手表,"我有朋友从深圳过来,我得请他们吃饭去了,先撤了。"

"我再坐会儿。"刘棣站起身,目送托尼离开咖啡馆。

8

托尼走后,刘棣坐在咖啡馆里摆弄手机,给托尼发一条微信,两个字:"谢谢"。他不好意思当面说这两个字,但他看得出来,托尼真心实意地想帮助他,想让他明白,他面对的问题比他意识到的还要多一些,还要复杂一些。片刻过后,手机振动了一下,他以为是托尼回复了什么,打开看,却是罗斯发来的——"刘哥,好几天没来锻炼了,怪想的。"刘棣回复——"我也想你。"罗斯回——"一起吃个饭呗!"刘棣回——"去哪儿?"罗斯发来一家饭馆的位置图,十三姨潮汕砂锅粥，距刘棣身处的这间咖啡馆只有一公里远。刘棣回，"好。"又枯坐了一会儿，才慢悠悠地溜达过去。他和托尼约见，提前十分钟就到咖啡馆恭候，见罗斯，却有意迟到。

正是下班的时候，望京的街道上变得嘈杂，不少车辆都向河边的那条美食街开去，那里汇聚着几十家餐厅，打头的那家麻辣香锅，味道已经弥漫开来。刘棣在健身房里每次和罗斯攀谈，都轻声细语耐心和善，这是他多年泡妞的涵养，或者说，这是一种绅士风度，要让她们感到被尊重。刘棣将自己的许多精力和心思都花在姑娘身上，自然知道该怎样哄罗斯开心，但见面聊两句是一回事，花一两个小时吃一顿饭是另一回事，难道我想和罗斯上床吗？刘棣说不准，他对自己这个念头都感到有点儿好奇。

饭馆门口就停着罗斯那辆豪华的平衡车，一进门，刘棣就看见罗斯，她热切地望着门口，向刘棣挥手，刘棣走过去坐下，罗斯把菜单递过来："我点了一锅干贝蟹虾粥，点了一个盐焗鸡，你看看，再点点儿什么。"刘棣接过菜单："不减肥了？"

罗斯答："减啊，我早上中午都吃健康餐，晚上就喝点儿粥。"

等饭菜上桌，刘棣明白了为什么罗斯坚持锻炼大半年效果不佳，一大锅粥足够三个人喝的，盐焗鸡色泽金黄，亮晶晶油汪汪，还有一份烧腊拼盘，一份红米肠。

"吃吧，刘哥，别想着减肥了。"罗斯给刘棣盛上一碗粥，递过来。

"吃！"刘棣夹起一块肉，"这块儿应该是鸡屁股，最肥。"

眼前的罗斯散发着一种堕落的快乐气息，她白天节食运动，做举重动作时啊啊啊地叫喊，夜晚喝下一大锅粥，吃油脂丰厚的食物，发出幸福的哼哼，也许夜里她还会偷吃一顿甜点，到了早上她会否认，假装自己是一个健康的正在减肥的女子。

罗斯啃着一块蟹壳："刘哥这几天怎么没去运动？"

"我这几天瞎忙。"话一出口，刘棣就意识到，这又是一句谎话。这几天刘棣早早出门，迟迟不归，去电影院看了一场电影，在南湖公园呆坐，在宜家商场里闲逛，去中央美院的美术馆里看展览，他极力避免和唐娟说话，有时他觉得，唐娟好像没有和他在一个空间里生活，垃圾桶里会多出一两个外卖餐盒，一两张临《胆巴碑》的宣纸，一大堆山楂丸的包装纸，卫生间马桶里会有一丝血迹，而制造出这些垃圾的唐娟悄无声息，像一个影子。他不止一次表达过他看不上电台的工作看不上自己主持的节目，但是，当这个节目停止时，一个稳定的支撑动摇了，他不用向听众告别，也没有人会向听众解释，根本就没人关心为什么夜间那档音乐节目不再是刘棣的直播。他曾经想过，如果主持最后一期节目，会放什么音乐，说一些什么样的话，但没有人需要这个告别的仪式。他有点儿失魂落魄，不想去运动。

罗斯把蟹壳放下，擦擦手："我昨天晚上听你的节目，没听见你主持，我以为你休假了呢。"

刘棣发愣，感觉有一句谎话又要脱口而出，罗斯发现他的节目停掉了，而不是唐娟，或北京市里其他哪一个朋友，他放下筷子，把节目停播的事原原本本告诉罗斯。这一下午，他把自己的遭遇向托尼说了一遍，又向罗斯说了一遍，不免觉得自己像个怨妇似的。

罗斯不以为然："嘻，停了就停了呗，我看您的节目，是电台里少有的，又文艺又有品位，真的。现在电台里天天都是卖假药的广告，您别跟他们掺和了。"

刘棣想跟罗斯解释一下，他所在的是一个有品位的北京文艺电台，那些卖假药的都是别的电台。不过他看出来了，罗斯有意模糊其间的区别。罗斯说："我老听广播电台，就是卖药的，请一个人冒充老中医，三服药包治百病，每服药二十九块钱，赶紧打电话进来啊，限量版，就限一千人。我听这些节目我就想啊，这些药要是真的该多好啊，几十块就把白血病啊高血压啊心血管疾病全给治好了，要是真这样，咱们国家得多健康，老人都活到九十九！可惜，全是假的，要是真的该多好。"

刘棣想起 Echo，不知道芜湖音乐台有没有卖假药的广告，他从来没有听过芜湖电台的节目，也不知道那里的广告客户都是什么样的。他问罗斯："那你干吗还要听这些？"

罗斯说："跟他们学怎么说瞎话，怎么编故事啊。电台里的那些医生，都说自己是祖传的，在清朝就给皇上治病，说自己遇到过什么样的病人，家里什么样的，我是怎么怎么诊断的，吃了我的药，怎么就好转的。故事都是这个套路，但每回都能讲出花儿来。还有那些假装是病人的托儿，打进电话说，哎哟裴老师，我得感谢您，我老伴儿吃了您这个药，不喘了也不咳嗽了，千年的铁树开了花，千年的罗锅直起了腰，千年的狐狸精修成了人模样，说得可邪乎了，我就跟着他们学习一下怎么说瞎话。"

"我听说你是卖化妆品的。"刘棣听健身房的教练说过，罗斯姑娘干的是传销，向健身房里一起锻炼的姑娘推销了大量的洗面奶和美容仪器，罗斯胖胖的脸蛋充满胶原蛋白，非常有说服力。

"不是化妆品，我们公司是一家美国的生物科技公司。不过，我也卖别的。"罗斯从桌子底下拿出一个双肩背书包，掏出来一瓶药，"刘哥，你看看这个。我听说您刚刚戒烟，您抽烟抽了有二十年吧？试试这个，肺部清理喷剂。嗓子不舒服，扁桃体发炎，一喷，立刻就舒服了。它还能帮你清理肺部和呼吸道的毒素，您试试，保管好使。"

刘棣没想到自己和罗斯聊电台的事，却被推销了一种药，接过绿色包装的药瓶打量，眯起眼睛看上面印的药品说明，有好几个药物成分的单词都不明所以，罗斯又从包里掏出一瓶药，黄色包装，看样子和绿色包装的清肺喷剂是一个系列："这个是清理肾脏的，肾水肾水，肾就是排尿的，人身体里的毒素就是靠尿排出去的。人一整天得吸进去多少毒啊，您看北京这雾霾天，男人就得好好养肾。刘哥您看这清肺的，三百多，这瓶治肾的，七百多，价钱翻倍，可见这肾比肺还重要。"

刘棣把绿色药瓶递回去："我看你忽悠的本事不行，还得跟着电台再学学。"

"跟刘哥我就不忽悠了，有什么说什么。我的药都给你打八折。"

刘棣好奇："你这包里有多少药啊？"

罗斯又掏出来一个大药瓶，黑红色包装，上面写着"Swiss Navy"。

刘棣接过药瓶："瑞士海军？我都不知道瑞士有没有海军。瑞士是一个内陆国家，不靠海啊，海军的军舰停在哪儿啊？"

罗斯说："这不是瑞士的，这是美国药，睾酮素。你在健身房练肌肉。这玩意儿比蛋白粉管用，吃了这个睾丸素，不是，睾酮素，肌肉长得快，性能力也能增强。"

刘棣摇头苦笑："我以为你找我干那个呢，结果你找我卖药。"

罗斯把药瓶都在桌上摆好："干那个也行啊，我就怕刘哥不行。"

刘棣假装生气："我怎么就不行了呢？"

罗斯摆摆手："哎呀妈我不是这个意思，我是说我有问题，我太胖了。"

罗斯的声音响亮坦诚，刘棣惊讶于罗斯毫无顾忌地说出这样有点儿难堪的事。他用纸巾擦擦手："你这么一说，我倒真想试试了。"

"那好，吃完饭我们就试试去。"罗斯爽快地答应了。

刘棣要与罗斯共享云雨之欢，他的性幻想对象中虽然不曾有过维密大模，但他的确梦想过一些完美的身体。然而，在现实中他很少能碰到完美的身体，他碰到的都是有缺陷的身体，腰长腿短的，发育不良的，毛发浓密的，恰恰是这些不完美的身体构成了一种丰富性，激发起刘棣的探索欲望，世间绝大多数性爱都是由这样的身体完成，看看这家餐厅，边上那位老哥，一边吃饭一边擦汗，他的女伴在不停地抖腿，也许吃完这顿饭，他们两个会躺倒在一张床头被皮子包裹的大床上，屋里是特别俗气的摆设，皱巴巴的床单上全是螨虫，他们就在这一张床上滚动身体。看那个服务员，也许和另一个打工仔合租了一个小屋，拖着疲惫的身体回到家，他们会在一张廉价的木板床上彼此安慰。面对眼前的罗斯，她过于庞大的体量也让刘棣不知道该如何下手，但刘棣决定，与这个庞大的身躯一起加入天地间的大和谐。

　　两人去了罗斯的家，屋里干干净净，客厅靠墙堆放着一溜儿纸箱子，看包装是"新肤公司"的各种化妆品。罗斯说："你坐会儿，我先去刷刷牙。"罗斯进洗手间，刘棣听到里面的水声，有点儿想打退堂鼓，要不撤了吧，可这么撤了实在不太礼貌，等她出来跟她说，要不算了。正犹豫呢，罗斯出来了，换了一件性感的浴袍："我这些日子一直戴着牙套呢，矫正牙齿。刚才去吃饭把牙套摘了，回来就得刷牙，再把牙套戴上。这牙套每天要戴二十个小时以上，一年戴二十多副牙套，一点点矫正，你看我这虎牙原来有点儿突，现在好多了。"罗斯咧开嘴，让刘棣检查她的牙口，刘棣说："我看你的牙挺好，挺整齐的。"罗斯笑："咱就直接整吧。"

刘棣发愣，他感到一种前所未有的表面积的诱惑。还有一阵窒息的快感，一招一式，发出的力道，得到的反馈，都和以往的经验大不相同，种种感触都是新奇的，因为体重上的劣势，他有一种无力掌控的感觉，有一种压迫感，而罗斯并不是很主动，她迎合，她期待。刘棣一边在罗斯的身躯上移动，一边在回想女子举重选手的体重级别划定，以往他的对手都是轻量级的，有的在49公斤级和55公斤级这个区间，罗斯显然是105公斤以上级，哦，不对，男子举重选手最高是105公斤以上级别，女子选手最高是75公斤以上，这个标准好像不太科学吧，75公斤的选手还是很苗条的，所以后来调整到87公斤以上。走神儿可以让兴奋延缓，刘棣经常使用这招儿。诚如罗斯所言，她屁股和大腿上的肉成为难以逾越的障碍，稍一运动，罗斯身上的肉就把刘棣弹开，这样尝试几次，刘棣败下阵来："是不行啊。"

罗斯也停息下来："我就说了，可不容易了。"

刘棣问："你这儿没烟吧？"

罗斯答："我不抽烟。"

两人躺在床上扯闲篇儿，罗斯问刘棣是否去过阿姆斯特丹，是否见过橱窗女郎。刘棣想起一个欧洲文艺片，里面有一个瘦瘦的艺术家总是去找胖女人，获得一种窒息的压迫感。刘棣承认，压迫和窒息能带来快感。可他的老二看来已无心恋战，罗斯心有不甘，她翻身下床："我去把牙套摘了。"

等她从卫生间回来，手中拿着一块口香糖似的药片："刘哥，你没心脏病吧？你试试这个吧。"

刘棣一愣："这是什么？"

罗斯说："这叫罗莎，日本药，一片顶三天，可好使了。"

刘棣接过药片。以前他用过一次伟哥，完全是好奇，当春药来用，当时他的女友总是兴致勃勃，那是他最接近完美身体的女友，皮肤黝黑，总散发着一种独特的气味，他闻见就兴奋。他看着药片，似乎吃下这颗灵丹，眼前的罗斯就会变成那个拥有完美身体的黑女友。

第二章　巧克力

9

吴思齐医生的诊所设在工体东路一座写字楼里，写字楼一层底商有一家咖啡馆和一家日料店，二层是一家正规的按摩院，分割成许多个小房间，每个小房间都挂着厚重的窗帘，摆着巨大的沙发和按摩床。吴医生中午总会从三楼的诊所下到二楼的按摩院，去做一个足底按摩，75分钟，正好够他睡上一觉。按摩师的价位分成三档，优秀技师258元，经典技师318元，特级技师398元，吴医生总是要便宜的，特级技师按摩你的脚丫子，75分钟收将近400块，相当于时薪300元，吴医生觉得太高了。他最初做心理咨询的收费标准，时薪500元，并不比一个号称特级的按摩师高多少。托尼周一直跟他说，要涨钱，租一个更好的地方，直接涨价到每小时1000元。这是吴医生遇到的第一个也是唯一要求涨价的客人，托尼来电话预约，时常碰到吴医生预约已满的情况，他认为吴医生的主顾太多了，必须涨钱。减少一半病人，吴医生的收入并不会减少，涨钱会让他更具权威性，吸引更多的病人。吴医生认真考虑了托尼的建议，某一个中午，在按摩的时候要了一位特级师傅，他换了宽松的衣裤，躺在沙发上，不一会儿，一个高大的男人推门进来，给他捶肩捶背捏脚，这位特级师傅身高一米九六，一双大手力道十足，吴医生呻吟着问，你打过篮球吗？高大的男人回答，没有。那一次按摩之后，吴医生承认，特级师傅的确有高明之处。他决定把自己的咨询费用调整到每次800元，黄金时段每次1000元。

吴医生不愿意搬家，楼下的按摩院、咖啡馆和日料店，和他的诊所前后脚开张，在这块地方一起维持了七八年，这在动荡的北京是一种很难得的安定的体验。托尼说，不搬家也好，但诊所还是要重新布置一下，特别是病人坐的那个沙发，太不舒服了，也不太体面，他推荐了一款意大利进口的阅读椅，灰色，皮子的光泽温润，吴医生去了一趟那家专做意大利进口家具的店，看了看皮椅子的价格，没舍得买。托尼下次来，还坐在原来的旧沙发上，提议要把那张阅读椅买下，当作送给吴医生的礼物，吴医生连忙谢绝，周末又去了一趟家具店，把椅子买了回来。托尼再一次来，看见椅子，两眼冒光，一屁股坐上去："吴医生，你的诊费中就包括坐这椅子的钱，太舒服了。"托尼每次来，总带着一块巧克力，黑巧克力或者坚果巧克力，一边跟吴医生说话，一边吃巧克力，对他来说，巧克力就像烟，填补说话的空隙。

没有病人的时候，吴医生端详那张阅读椅，完美的材料，完美的做工，可惜屋子里最舒服的椅子是给病人坐的，他坐上去，摸着扶手上的牛皮，觉得应该再买一张椅子，两个一模一样的阅读椅，倾诉者和倾听者应该坐在同样的椅子上。他打电话给家具店，得知这款阅读椅全北京只此一把，如果再买，要发邮件到意大利工厂去问，吴医生说，那算了吧。除了这把椅子，诊所里还重新布置了书架，原有的心理学书籍和工具书全都收起来，摆上了一套商务印书馆汉译名著的哲学译丛，从柏拉图到休谟到弗洛伊德，显示出精神分析及心理治疗符合道统的序列，然而托尼并没有看出书架上的变化暗含的这层意思，这层意思只有吴思齐自己明白。

吴医生每天在早高峰之前就来到诊所，每天都用 Kindle 晨读。他正在看一本叫《破碎的大脑》的英文书，讲的是成瘾行为及脑科学，他用手指在屏幕上做标注，托尼的电话打进来，吴医生接电话之前看了一眼墙上的挂钟，刚过九点。托尼问："吴医生，今天上午十点你有时间吗？"

吴医生说："可以，上午十点没问题。"

托尼说："不是我去，是我的一个朋友，他叫刘棣，电台的主持人，非要今天看，跟看急诊似的。我也不知道他是出了什么问题，我让他十点钟准时到。"

放下电话，吴医生接着看书。窗外车水马龙，正是交通繁忙的时候。刘棣和罗斯九点四十就到了楼下的咖啡馆。十个小时之前，刘棣吃下去一粒罗莎，服药后半小时见效，但他和罗斯的探索还是不顺利，他在凌晨一点告辞。回家后发现，那里还是没有软下来的迹象。当夜他睡得并不安稳，充血的状态让他难受。他给罗斯发微信，询问那一粒罗莎的来历，罗斯保证，药肯定没问题，得知刘棣的困境，她表示愿意陪刘棣一起去医院。刘棣说，去医院？去医院我都不知道该挂哪一个科！一直熬到了早上，刘棣赶紧给托尼打了个电话，要他安排去见吴医生。刘棣知道，人最重要的性器官还是大脑，心理问题解决了，身体自然就松弛了。出门之前，罗斯又关切地打来电话，得知他要去心理诊所，罗斯一定要陪同前往。她说："我是个负责的人，我的药肯定没问题。客户遇到什么问题，我都会想办法帮他解决的。"刘棣不愿意让罗斯陪着，可罗斯又说："你别嫌弃我啊，我就陪着你去，我不进去不就得了。"刘棣一下又觉得羞愧，做都做了，为啥还嫌弃人家。他打车接上罗斯，一起到了工体东路。

刘棣上到三楼，找到 314 房间，门口贴着一个小小名牌，上面用英文写着"吴医生"，敲门，开门的就是吴医生，穿着一件深蓝色的开衫、一条西裤、一双皮鞋，四十来岁年纪，人畜无害的样子，像是在家里接待客人。玄关处有一道屏风，转过去就是诊室，刘棣四下打量，吴医生示意他坐下，刘棣在那把意大利阅读椅上坐好："我以为会有个护士呢，或者有个前台。"

吴医生微笑："养个人多贵啊。"

刘棣再看看四周的墙壁："也没人送个锦旗，写个'妙手回春'啥的。"

吴医生保持微笑："没有。"

刘棣调整了一下呼吸："那我们开始吧。"

吴医生坐在一张扶手椅上，右手握着一支圆珠笔，腿上摊开一个笔记本："刘先生，开始我还是会问一些最基本的问题，您的名字怎么写？"

"刘棣，木字旁加一个奴隶的隶。"

"年龄？"

"四十三。"

"结婚了？"

"结婚了。"

"得过什么病？做过什么手术吗？"

"没有。都没有，也就偶尔感冒发烧。"

"平时抽烟喝酒吗？"

"很少喝酒，原来喝，现在很少喝了，半年都喝不了一次。抽烟，刚戒掉，刚戒了一个月吧。我在吃一种戒烟药，叫盐酸安非他酮缓释片，说是一种缓解焦虑的药，您知道这个药吗？"

吴医生点点头，接着问："平时还吃什么药？"

刘棣挪动一下双腿，裤裆中支起了一个小帐篷。他望向墙上的挂钟，一进门他就注意到这只挂钟，瑞士铁路挂钟，十点过五分。他盯着挂钟发愣，挂钟的秒针飞速转动，刘棣似乎很久没有看到过大三针的挂钟了，电台里的钟表都是数字显示，电台一楼大厅里好像有一个大三针的挂钟，秒针是转得这么快吗？眼前这个钟，秒针转得太快了。吴医生等着刘棣开口，刘棣手指挂钟问："这是哪儿买的？"

"就是在网上买的。"

"这是瑞士铁路挂钟，你喜欢瑞士？"

"我没去过瑞士。"吴医生回答。

"这钟走得真快，你看那秒针，你要是盯着它看，就觉得它走得太快了，不过，它肯定不快不慢，走得非常准。"刘棣干笑，搓了搓手，"我还真不好意思，我昨天晚上跟人上床，吃了一粒罗莎，说是一种日本药，结果一直硬着，到现在也软不下来，我也不知道这是生理上的原因还是心理上的原因，我听托尼说，您是学医的，然后又是心理医生，您觉得我这是什么问题？"

吴医生表情平静："你是说昨天晚上？大概什么时间呢？"

刘棣又看了一眼挂钟："就是晚上十一点吧，到现在不到十二个小时。我查了一下，罗莎的药效能持续七十二个小时，但也没听说一直硬着的啊。一直硬着就是异常勃起。"

吴医生不动声色："你吃完药之后射精了吗？"

"射了。"刘棣有点儿不情愿地承认，虽然罗斯不在身边，可好像吴医生能看见坐在楼下咖啡馆里的罗斯。

"当时软了吗？"

"软了，可很快就硬了，然后就一直硬着。我看网上说，超过四小时就可能造成永久性的损害。我这都十来个小时了。"刘棣又挪动了一下双腿。

吴医生合上笔记本："伟哥的主要成分就是西地那非，有很多仿制药，仿制药的生产程序如果不规范的话，可能有些药片的有效成分多一些，有些药片的有效成分少一些，它主要作用就是扩张血管，但没有性刺激的话，它不会让你一直处在勃起状态。"

刘棣皱眉，心说这些常识我都知道。

吴医生问："你这一夜都在想什么呢？或者你这一段时间都在想什么？"

"我最近一直都想着那事儿。"刘棣闭目，仰头，双手放在裆下，他在电影里看到过不少心理咨询的桥段，一个病人，把自己那些陈芝麻烂谷子的事全抖搂出来，一个壮汉，哭诉自己童年受到的侵害，掏心掏肺才能治好病，他说起自己和 Echo 是怎么相识的，说起 Radiohead 要来北京开演唱会，他本来有机会和 Echo 践行那应许之炮，说起演唱会怎么取消了，让他这个渴望落空。他还告诉吴医生，因为在电台里说了一些不适当的话，他的节目被取消了。他一边说，一边尝试给自己做分析："您说我这个问题是芜湖那个主持人引起的吗？我夜里还真查了一下怎么从北京去芜湖，好像没有高铁直接到，要到南京倒一趟车。不过，我这么直挺挺地找人家去也太不合适了啊。"刘棣睁开眼，直勾勾地看着吴医生。

吴思齐指了一下刘棣的裤裆："你介意让我看一下吗？"

刘棣站起来，褪下裤子，把内裤也拉下来："我不抽烟之后，它好像就有点儿变化。"

吴医生凝视刘棣，刘棣也低头查看。两人观察了有一分钟，吴医生说:"收起来吧。"

刘棣穿好裤子坐下,看看挂钟,快要十点二十了,听吴医生问道:"你以前吃过伟哥吗?或者类似的药物。"

刘棣说:"吃过,三四年前吃过几次。我那时候其实刚到四十,可感觉比年轻的时候差远了。这东西当壮阳药吃应该没问题啊?"刘棣望向墙上的瑞士铁路挂钟,接着说,"我当时有个女朋友,黑乎乎的皮肤,细腰长腿,我跟她在一起的时候吃的,她挺厉害的。我刚才一进门看见你这个挂钟,就想起她来了。我们两个去过一趟瑞士,我去蒙特勒采访爵士音乐节,她跟我一起去玩,坐火车从苏黎世到蒙特勒,好像不是直接到,要在洛桑换车。火车里有一节吸烟车厢,车厢里没人,但你一闻就知道那是吸烟车厢,我们两个就在那儿抽烟。然后我去了趟厕所,发现他们车上的洗手间太舒服了,特别大,也没什么味道,不像咱们那一小块儿地方,一进门是一个大洗手台,差不多就四平米六平米吧,女的化妆,或者给小孩换尿布,都特方便,里面有个隔断,才是马桶呢,我撒完尿回来说,哎呀那个洗手间真干净啊。我那个女朋友,她叫王希言,她就说她也要去趟洗手间。我就坐在位子上等她,过了会儿,她就在后面叫我,我回头看,她就站在卫生间门口,半拉身子在里面,半拉身子在外面,勾勾手指,让我过去，我就过去了。"刘棣的思绪飘回到开往蒙特勒的火车上，车窗外是雪山和雾，他们进了洗手间，锁上门，王希言撩起裙子，趴在洗手台上，刘棣配合着火车咣咣咣前进的节奏，盯着镜子中王希言变形的脸。洗手间有一个宽大的车窗，下面半截是毛玻璃，上面半截窗户打开，可以看到飞速而过的树梢。两人从洗手间出来，有一个当地乘客，从书本上抬起头，打量他们。这让刘棣和王希言更加兴奋，似乎被人看到，他们的这场洗手间之爱就有了一个备份。有一个见证人总会让一件事变得更真切。

刘棣继续回忆："火车上那次没吃药，后来我跟她在一起，吃过两次。我刚才一进门，看见你这个挂钟，就想起她来了，昨天晚上我其实也想她来着，她真是太棒了，她身材好，还特别愿意干这事，乐此不疲啊，可后来，我不知道她跑哪儿去了，消失了，跟失踪了似的，按理说现在每个人都有手机，都有这号那号的，不至于一点儿痕迹没有，可我真不知道她去哪儿了，当然我也没认真找过，不知道还能不能找到。"

"你没有试过别的东西吧？比如一些违禁品？"

刘棣摇头："没有，没有，我从来没碰过那些东西。"

"你很想念她，是吗？你说的那个主持人，还有王女士，你都很想念？"

"都想。想的时候真是全身上下都想，连脚指头都想。有些人吧，你就脑子里想一下两下的，很快就过去了，有的人，你一想起来，全身上下就痒痒，就想抱着她，贴住，全身都贴住。坏了，我好像越说越硬了。"刘棣看看挂钟，已经十点半了，他略为焦急，如果吴医生不能解决问题，他还要付八百块诊费呢，不对，十点钟属于黄金时间段，要付一千块。他带着一点儿指责的口吻说："瑞士铁路挂钟，让我一下子想起我那个女朋友来了，嘻，我这儿瞎回忆半天也没用啊。您说您怎么非挂这么一个钟？"

吴医生耸耸肩："巧了。"

刘棣抖抖腿："我说了不少了，想听您说说。"

吴医生问："你平常怎么称呼它？老二？小弟弟？"

"我习惯叫老二，我上大学的时候，讲语言学理论那个老师，第一堂课，就在黑板上写下'老二''小弟弟'一串词，还有英文词。他给我们讲什么叫能指什么叫所指，我不记得他是怎么讲的了，也不知道什么叫能指什么叫所指，就记得那一串词了。"刘棣迟疑了一下，他想起那个阶梯教室，二班那个女生，背着一个网球拍拾级而上，坐到了他前面，那个女生好像走到哪里都背着那个网球拍，在教室在食堂都背着球拍，像忍者神龟背着兵刃，刘棣在操场见过那个女生打

87

球，水平实在不怎么样，可她的胸一起一伏的，她的胸真不小，那是一对结实的有弹性的胸，一点儿也不软，胸部肌肉给了她足够的支撑，刘棣在宿舍里摸过那对胸，那姑娘脱了上衣之后就像是被点了穴，纹丝不动，刘棣可以摸她的胸，她也没太多反应，不迎合也不拒绝，但要想把她的网球裙或内裤脱掉可不容易，她的屁股紧紧贴着床铺，不留一点儿缝隙，大腿和小腿也紧紧贴在床上，刘棣可以摸腿，但就是脱不下她的裙子。那是二十多年前的事了，不用说给吴医生听了，要不然会把二十多年来遇到的每一个姑娘都在这里向吴医生汇报一遍，回忆并不解决问题。他盯着吴医生，好像乐于看到他无计可施。

吴医生说："有一种称呼叫丁丁，你知道吧？"

刘棣点点头。

"西方还有一种很特别的服饰，叫丁丁服，你没穿过吧？"

刘棣摇头。

"我也没穿过。我这里也没有，不过，我们可以假装一下。"吴思齐起身，从写字台的抽屉里拿出一块洁白的大手绢，递给刘棣，"你就举着这手绢，假装自己穿上丁丁服了。假装自己是一根丁丁。"

刘棣接过手绢："这跟说相声似的。"

"你演过话剧吗？有过什么表演经历？"

"我组过乐队，上台表演过。可没演过话剧。"

吴医生很严肃："我们来做一个角色扮演游戏，跟演戏一样。其实，好多时候，演戏不一定是要演另外一个人，你看好多小孩学演戏，假扮成一块石头，假扮成一棵树，都是演戏。我们这个角色扮演很简单，我还是当医生，你来扮演你的老二。我来和你的老二对话，听明白了吗？假设你的老二能说话，但它的感情不那么丰富，它也没多少回忆，也不是特别善于思考，肯定不知道什么是能指什么是所指，你就扮演你的老二，明白了吗？"

刘棣把手绢举在胸前。他感到一阵放松，笑了。

"准备好了吗？我们开始？"吴医生问。

"开始。"刘棣回答。

吴医生把笔记本和笔都放到了写字台上，似乎和老二的对话不值得记录，他跷起二郎腿，问："你每天都会洗一下是吧？"

刘棣立刻进入角色："每天都洗，每天都洗澡，有时洗两次，早上一次晚上一次，每天都换内裤，每半年，老大，就是刘棣，都给我买全新的内裤，我总是干干净净的，好像要随时上战场似的。老大他可在意我了。"

"你觉得老大这个人怎么样？"

"你是说刘棣啊，挺好一人，不过有时候我觉得我才是老大，精虫上脑，我把他控制了。其实他要是不太在乎我，他能干不少别的事，更有意思的事，多读点儿书，多挣点儿钱。可他忙忙叨叨，好多心思都花在上床这事儿上了，就为让我舒服了。我有时觉得他挺可笑的。"刘棣的表演渐入佳境。

"他有什么担心的事吗？"

"我觉得他有时候瞎担心，好像生怕我以后派不上用场似的。他应该关心我，比如我撒尿分叉，他应该去检查一下前列腺什么的，过了四十，他应该注意身体，别老想着男女之事。"刘棣把手绢放下来，右手摸着裆部，两只眼睛充满了感激之情。

吴医生微笑："他和你说过话吗？"

刘棣摇头："没有，他好像就知道吆喝，跟吆喝牲口似的，嘚儿驾，他倒是应该经常和我聊聊，平心静气地聊聊。"

吴医生双手拍了一下："是的，你们应该多聊聊，聊天能解决很多问题。"

刘棣放松下来，从头部到腰部到脚趾，身体上每一个部位都松弛了，他看看挂钟，刚到十点三十五，他有点儿怪罪吴医生为什么不一上来就和老二说话，害他提心吊胆烦躁不安地多硬了半个小时，继而又想，我要不要让它再硬起来，看看它的功能是否受到了损害。

吴医生看透了他的心思，说："不会有什么问题，放心吧。"

刘棣伸了个懒腰，满脸是笑，只觉得吴思齐医生是最亲密的朋友，还有许多话想跟他说。不过，他想先对刚才的诊疗做一次复盘："吴医生，为什么一演戏我就软了，说实话，我把那个手绢一举起来，就觉得它要软。这是什么？间离效果吗？"

"陌生化，心理学上叫陌生化，差不多的意思吧。"

刘棣问："您觉得我这个问题到底出在哪儿呢？怎么就会一直硬着呢？"

吴思齐说："我不知道问题出在哪儿，药物引起的不良反应，我觉得是一个偶然现象吧。你应该再想想，问题出在哪儿。"

刘棣看着瑞士铁路挂钟发愣，过了好一会儿才说话："吴医生你经历过这样的事吗？别人答应了你一个事，然后他反悔了，不干了，但你并不认为他真的不干了，你总觉得这件事还在继续。你不想让自己的愿望落空，你觉得做出的许诺就要完成。我这些事是不是有点儿讨厌啊？这些事都是狗男女那点儿奸情。昨天晚上我好像想起来好多事，说起来好像有点儿恬不知耻，可真的有几个姑娘，曾经答应过跟我上床，但后来阴差阳错地没上，我的老二可能在寻找那些对它做出过承诺的人,不肯善罢甘休。您说我这个是不是性瘾啊?"

吴思齐不置可否地看着刘棣:"我还不好判断。"

刘棣有点儿不好意思:"吴医生也喜欢姑娘吗?"

吴思齐摊手:"当然。"

刘棣站起来,掏出手机:"我加您一下微信,给您付钱吧。"

10

在四惠地铁站与四惠东地铁站之间,有一栋不起眼的商务酒店,酒店外墙上是一幅巨大的香水广告,广告上的金发女郎,穿着黑色礼服,露出大片的肌肤,在夏天太阳的暴晒之下,她的胳膊布满了红色的斑点,冬天,若有若无的雪花飘进她的胸,来往于两个地铁站的人群中,偶尔有人会抬头看看那个女郎,她深情的双眸睁得太久,变得茫然。很少有人注意到,在这幅广告下方,还有一个霓虹灯的招牌,上面写着"风雨剧场"四个字。每天都有来 CBD 办事的客人入住酒店,也有情侣在午间开一间钟点房,偷得半晌欢愉。还会有若干渴望从别人的身体里向外说话的年轻人,到这家酒店的地下一层,进入"风雨剧场",一起演一出戏。这种混合了狼人杀及密室逃脱游戏的剧场散落在国贸、劲松、望京等地,七八个人进入这样的空间，互相注视着，就成了戏剧。

地下一层最大的一个房间，被布置成旧上海公寓的模样，老式留声机、旧画报、博古架、写字台、丝绒沙发，不太协调地放在一起，来演戏的年轻人也不太协调地站在一起。按照剧场的设定，这间公寓是一位名流的宅邸，故事发生在抗日战争期间，日伪政府邀请这位名流去南京当官，抗日组织怕他投敌，要把他杀掉。来演戏的年轻人抽签分配自己的角色，每个人都会领到自己的一份脚本，脚本规定了每个人物的大致走向，但是来演戏的年轻人总会违背剧本，他们喜欢穿上旗袍或长衫，拍几张照片，他们的身体僵硬，很少有动作，说出来的台词也很难推动剧情的发展，此时，就需要NPC演员来帮忙，推动这出戏进行，抗日组织要假扮成古董商人，进入这间公寓，杀掉公寓里的名流隐士。日伪特务要保护这位寓公，找出谁是潜在的杀手。

唐娟和倪乐乐进入地下一层，风雨剧场正在扩建，走廊刷上红漆，画上了琉璃瓦和檐口，有一间房子，门上挂匾，直愣愣地写着"后宫"两字，红色大门两边立着两个像哈巴狗一样矮小的石狮子。负责接待她们的江经理，穿着一双高跟鞋，鞋似乎大了一号，不太跟脚，身姿也不够挺拔，屁股向后坐，走起路来好像还保持着坐姿，她打开"后宫"的大门，

93

热情地介绍："我们正改造的这个空间，准备推出一个宫斗主题的深度体验剧，讲的是皇上驾崩，东宫娘娘想让四皇子继位，西宫娘娘想让八皇子继位，两位娘娘宫斗的故事，这里面有权谋，有暗杀，还有毒药，角色有宫女，有皇子，有御医，有太监，我们的编剧团队正在打磨剧本，我们的服装可棒了，宫女的服装，娘娘的服装，都是叶锦添老师设计的，到时候化妆室就会有一大间。"

倪乐乐问："有人愿意演太监吗？"

江经理笑："好多男孩可喜欢演太监了。好多人还喜欢演僵尸，我们公司在东五环那边有一块地方，是户外剧场，主题是满城僵尸，你们都看过《行尸走肉》吧？我们那个剧场里全是僵尸，你要是去玩，全是僵尸追着你跑，咬你脖子，去那边玩的人，都喜欢演僵尸。"

倪乐乐说："这听着不错，起码能锻炼身体。"

后宫当中摆着几把红木圆凳，床榻上铺着黄缎子，炕桌上摆着一把如意一块大印，倪乐乐拿起大印端详上面的印文："好家伙，皇帝之宝，这就是玉玺吧。你们的美工可以进剧组了。"她打量屋里的劣质仿古家具："这都是对面高碑店买的吧？"江经理不理她，回头看着唐娟说："您写的《离恨天》太棒了，我连刷了两遍。"

唐娟不吱声儿，江经理带着她们继续参观，下一个房间布置成了一间会议室，一面墙上挂着孙中山的画像，两边是手书"革命尚未成功，同志仍须努力"，另一面墙上挂着"精诚团结"四字标语。长条桌两边有皮质扶手椅，倪乐乐在一张椅子上大咧咧地坐下："这里一定是谍战戏了，国民党的办事机构里有两个地下党员，他们向外传情报，敌人发现了，把办公室里的人都关在这里。我靠，这里还有刑讯室呢！"墙角处，靠墙放着一个十字架，上面挂着几条皮鞭，倪乐乐哈哈笑："没想到你这里还能玩SM呢，肯定特别招人喜欢吧？"江经理赔着笑："这个地方我们也打算改造呢，这两年谍战戏不行了，我们打算把这里变成一个玄幻剧场。"

　　倪乐乐问唐娟："你觉得怎么样？现在最火的剧都要打造一个线下空间，《长安十二时辰》就弄了一个剧场，里面布置成大唐时候的样子，喔，盛唐气象啊！我跟你说，好多人都想打扮成仙女呢，穿上汉服，抹上点儿胭脂，弄两块干冰，冒着仙气儿，就是天上人间神仙所在。你看那些旅游景点，好多小姑娘租一件仙女装，在里面转悠。我上礼拜去了一趟古北水镇，那就是个摄影棚啊，里面的游客太多了。你要不要来个《离恨天》剧场？就把这块地方拿下。"

　　在孙中山的注视下，唐娟发问："为什么会有人要到这破地下室来演戏呢？整天看剧还不够傻吗？还要跑到这里来演一下？你说，傻不傻？那些剧还不够愚蠢吗？他们干吗不去演《哈姆雷特》呢？"她盯着倪乐乐看，又盯着江经理看，等着她们回答。

江经理干咳了一声："是这样，你不能管这个叫演戏，我们也不叫演戏，他们就是来这里社交的，有一个熟悉的剧本，有一个熟悉的故事，按照这个故事的套路走一遍，能认识一些朋友。要是没有这么个场景，他们没机会见面，聚在一起也不知道该说什么。你知道有些小伙子特别害羞，必须扮演成一个角色，才能和不认识的姑娘说话，要不然都不知道怎么搭讪。他到这里演一个太监，跟一个宫女说说话，演完了戏加一个微信，就认识了一个朋友，这就是一种沉浸式的社交，唐老师您不能拿艺术的标准来要求他们。"手机铃声适时响起，江经理说，"我去接个电话。"她转身离开。

唐娟拉开一把椅子坐下，倪乐乐坐到她对面："我就是带你来看看，他们老板愿意出钱买你的授权，送上门来的钱，你不挣白不挣。"

唐娟冷笑："我就是觉得荒谬。我每天写这些垃圾，电视上播这些玩意儿，随便看看都是罪过。结果还要跑到这里把那些愚蠢的玩意儿再演一遍？他们就不能去真正的剧场，看一场真正的戏吗？他们就知道拿着手机追美剧，追这些垃圾玩意儿。你还记得那出戏吗？两个意大利穷人，偷渡到美国打工，结果被抓起来，对，《桥头风景》，你不是答应我，咱们一起去伦敦看《桥头风景》吗？都演了好几轮了，我们什么时候去看？我看你早就忘了这事儿了，你还记得那个戏吗？还有那个戏叫什么来着？有一家工厂，有个小伙子天天读《战争与和平》，要去上大学。我脑子都糊涂了，都忘了那个戏的名字了。你说美国现在是不是太富裕了？他们不再写这些事情了，不写穷人了，他们写亿万富翁，写黑帮，写科幻，写核潜艇，写恐怖故事。我们呢，我们写间谍，写宫斗，写神仙打架没事儿谈一场三千年的恋爱，就没人写梦想破灭的故事吗？写美好事物如何被摧毁，写人的品性如何败坏，写他们的不甘与挣扎，没人写这些了吗？再也不拍那种让人痛苦的戏了？再也不拍那些让人绝望的戏了？人们只知道傻乐，天天看那些离奇的戏，忘记自己的生活是多悲惨，他们还要去演《行尸走肉》吗？大多数人的生活不就如同行尸走肉一样吗？难道不应该提醒他们该好好生活吗？难道就该麻醉他们，让他们忘记自己还活着吗？"

"你说的那是《两个周一的回忆》。小伙子看《战争与和平》那出戏。"倪乐乐说。

唐娟不作声。她当年上学的时候，每次看剧本，都要朗声读出来，她一人分饰不同的角色，《皮格马利翁》的开头，她用较细的声音朗读女儿的台词，然后用低沉的声音朗读母亲的台词，再假装成男声来读其他人的台词。她读《樱桃园》，也试着用不同的声音区分十七岁的阿尼亚和二十四岁的瓦莉亚，她的声音并没有那么强的可塑性，但她一定要在心里把这些角色区分开。倪乐乐受不了她在宿舍里这样读剧本，问她："你读书的时候就不能不出声儿吗？"唐娟说："不出声儿我就会把这些人物都搞混了啊，难道你读剧本的时候不出声儿吗？"每当唐娟读剧本的时候，同宿舍的人就躲出去，去图书馆，去教室，去和男朋友约会，去看电影，等她们回来，会发现在惨白的灯光下，唐娟还沉浸在她一个人的戏剧气氛中。每周总有那么两三个晚上，唐娟在宿舍里上演自己的独角戏，她拼命读剧本，还会用自己的笔给原著加上一段戏，她模仿斯特林堡给《朱丽小姐》加了一段独白，她模仿契诃夫给《三姐妹》加了一场戏，她甚至还给《等待戈多》加了两页，她想成为不同时代的不同的戏剧家，进入他们的创作状态，进入他们的角色。她十六岁的时候，去上海看妈妈，妈妈刚贷款买了一所房子，妈妈说，买到就是赚到，以后有钱了你也要买房子。妈妈带她去美琪大剧院看戏，上海话剧团演出的《推销员之死》。母女两个在奉贤路上的一家小面馆吃饭，妈妈说，随便吃两口吧，七点一刻开场，没时间吃晚饭了。从奉贤路望过去，美琪大剧院高高的玻璃窗透出暖暖的灯光，一进门，一盏水晶吊灯好似从空中降落。那是唐娟第一次看话剧，开场五分钟，她就哭成了泪人，迟到的观众还在摸索着找座位，老推销员说完头两段台词，唐娟的眼泪就流下来了，她怕妈妈看见，用两只手捧着脸，稍稍收住自己的泪水，又被接下来的演出打动，她觉得舞台上的人比电视上的人真切多了，一个活生生的人，一个真实的肉体，就在你面前说话，你看见他在动，听见他的呼吸，还感觉到他的心跳。那一个晚上，她理解并同情那个游手好闲一事无成的大哥，她理解并同情那个忍受着无聊工作的爱吹牛的弟弟，她理解并同情那个在新英格兰奔波、按时交保险按时交贷款的年老的父亲，她理解并同情那个要修冰箱修屋顶维护着家庭的妈妈，相应地，她觉得台上的每一个角色也能理解和同情她，如果她能站在台上，说出自己预先写好的台词。她接过妈妈递来的手绢，一直哭到散场。妈妈拉着她的手走出剧场，走了很长的路，妈妈忽然说："我跟你爸吵架的时候，他总说，走了就别回来了，你看，我在上海买了一个房子。"唐娟和妈妈搂在一起，那一刻她也同情和理解了自己的妈妈。那次上海假期结束的时候,她从书店里买了上下两册的《外国戏剧百年精华》,去华山路的上海戏剧学院转了一圈,对妈妈说,我要考到这里读大学。

她考上了戏剧学院,和倪乐乐成了同学,她睡上铺,倪乐乐睡在下铺,她在宿舍里朗读剧本,只有一次,倪乐乐参与进来,和她一起读。那是《欲望号街车》,倪乐乐听了两句,就开始赞叹费雯丽是多么美,说她把那个神经质的白兰琪演得让人心碎,她失去了自己的家园,变得一无所有,带着一箱子假名牌,在一个逼仄的环境中受到侵害,最终被送进疯人院。而她的妹妹,眼瞅着这一切发生却无力改变,她的妹妹斯黛拉对姐姐的困局采取一种视而不见的态度,斯黛拉冷漠地对待自己,也就会冷漠地对待旁人。她知道丈夫身上兽性的一面,而活下去,有时候就要依靠兽性。倪乐乐站在宿舍当中,向躺在上铺的唐娟做人物分析,她说:"人性,人性这东西太昂贵了。"然后她提议,要在表演课上演一段《欲望号街车》,她爬到上铺,和唐娟一起读剧本,她圈定要演第四场。那时候她们刚上了两次表演课,第一次课叫"解放天性",要每个人扮演一只动物。唐娟演一只流浪猫,怯生生地躲在墙角等着有人来喂食,地上太冷,她必须小心地抬起和放下自己的爪子,每一次爪子与地面接触,都好像忍着疼痛。这只无助的小猫,在亲爹和后娘、亲妈和继父两个家庭中徘徊。倪乐乐演了一只大鹅,总是在院子里昂首挺胸地转悠,任何经过的人,都会被她叮上一口。第二次课,老师让她们讲述自己最高兴的一件事和最悲伤的一件事,唐娟说,考上大学是最高兴的一件事,至于最悲伤的事,好像是月经初潮,她在一个公用电话亭,打电话到上海找妈妈,外面下着雨,行人和车灯一片模糊。接下来她们要编小品,演小品,但倪乐乐不知天高地厚,她要演《欲望号街车》中的白兰琪,那时候的倪乐乐更神经质一点儿,她的头发染成了红色,化烟熏妆,眼角边也涂上一条细细的红线,她的后脖梗子上文着普契尼歌剧中的名言,"为艺术为爱情",那句话是竖着的,显得她的脖颈更长,她时常要向别人解释脖子上的是意大利语。后来,她陪着唐娟去文身,唐娟在小腹上文了一句话 Per aspera ad astra,是拉丁文,"循此苦旅,以达天际"。倪乐乐问,为什么要文在这儿啊?除非你天天穿露脐装,要不没人能看见。唐娟回答说,操我的人就能看见。她们在宿舍里读剧本,对台词,在学期结束时给同学们表演了一段,老师和同学都鼓掌喝彩,但倪乐乐悄悄地跟唐娟说:"全错了,全错了,你应该演白兰琪。咱们两个要是有一个会被送进疯人院,肯定是你。"唐娟问:"为什么啊?"倪乐乐的牙咬着唐娟的耳朵:"因为你整天待在宿舍里读剧本的样子，太像是一个精神病了。"

江经理推门进来，拎着一个塑料袋，袋子里是两杯瑞幸咖啡，咖啡溅出来，滴在塑料袋上，她把咖啡放到桌上，干笑两声："我们要不要再看看，还有一两个场景。"倪乐乐冲她摆手，江经理点点头退了出去。唐娟会应对倪乐乐时时的唠叨，倪乐乐也会应对唐娟时不时的歇斯底里，她站起来，绕过桌子，坐到唐娟身边："我看你最近状态不好，好像戒烟之后就差了，要不你接着抽烟得了？我看你不抽烟就睡不醒似的。"

唐娟摇头："这跟抽烟不抽烟没关系。你知道吗？我就那么一点儿有限的东西，你叫它才华，或者叫它创造力？不管叫什么，其实我就有那么一点点，我觉得我要保护好它，可是你看不出来吗？你们看不出来吗？我快把它毁掉了。"

倪乐乐说："要不去海边玩会儿？好好休息一段时间。"

唐娟摇头。

倪乐乐问："刘棣最近干吗呢？"

唐娟转过脸，看着倪乐乐："我想跟他分手。你知道什么时候该分手吗？你不想给他花钱的时候就该分手了。他前两天跟我说，他的节目停掉了，工资砍了一大半，还贷款有点儿困难了。你知道他怎么跟我说的吗？他发短信告诉我的，他不敢当面跟我说,他不敢走过来,看着我的眼睛告诉我,要发短信告诉我。贷款每月几千块钱,我来还没问题,我一次还清也没问题,可我忽然就不想花这个钱了,我不想给他花钱。"

"正常。"

唐娟摇头:"不正常,我原来不这样,我原来不在乎钱。"

倪乐乐笑:"你听过那个笑话吗?有一个学者,问一个老农民,如果你有一百亩地,你愿意捐给国家吗?老农民说,我愿意。学者问,如果你有一百万块钱,你愿意捐给国家吗?农民说,我愿意。学者问,如果你有一头牛,你愿意捐给国家吗?农民说,我不愿意。学者问,为什么啊?农民说,因为我真的有一头牛啊!实话跟你说吧,你原来不在乎钱,是因为你没钱,几千块几万块,十几万几十万,来了就花呗,反正都要过日子,过日子就要花钱。现在不一样了,你能挣几百万,你接着写你的剧本,就能挣一千万,这才是钱啊。原来那不是钱,原来那就是嚼谷,是应付日常开销的,它不能生钱,钱能生钱了,它才是钱,它才有生命,才需要认真对待。钱必须达到一定的数目,才会发出自己的声音,才会有生命力,你才会觉得,咦,这玩意儿怎么好像有了意志似的?你调整一下你的情绪,认真写你的下一个剧本,你不想写这些网剧也可以，你想写什么？电影？话剧？写你自己想写的，你现在有本钱了。"

唐娟抬头看天花板："我现在什么也不想写。就想睡觉。"

倪乐乐忽然严肃起来："你睡得好吗？"

"不好，整天昏昏沉沉的。"

"吃得好吗？"

"没什么胃口，不想吃饭。"

"嗯，你写了一个仙女的戏，自己快成仙女了。国贸那边新开了一个西班牙餐厅，咱们去吃？"

唐娟不吱声。

倪乐乐盯着她："你知道你的问题吗？你原来是焦虑、紧张、担心，抽好多的烟来缓解焦虑，现在我看你有点儿抑郁了，你有性欲吗？我看你没有。食欲呢？也没有。我们得去一家高级餐厅做一次体检，每回我觉得特别丧的时候就去找一家餐厅做体检，只要我能吃、馋，葡萄美酒夜光杯，这些享受的东西还能给我快乐，我就知道我一点儿问题没有。你就是太不懂享受。"她站起来，把唐娟架起来，"起来，今天要不是我打车去接你，你肯定也不会来这儿，还躺在家里睡觉呢。这地方不靠谱，咱就别理丫的。吃饭去。"

11

十年前的圣诞前夜，北京西三环附近的一家五星级酒店发生了一起意外，一个衣衫不整的姑娘从 17 层楼坠下中庭，砸破健身房的玻璃屋顶，摔死了。俯瞰中庭，富丽堂皇的走廊、廊柱、灯，构成一个耀眼的旋涡。当晚进入酒店大堂的人，能闻到空气中一丝血腥味道，惊慌失措的服务生和匆匆赶来的警察让客人们茫然失措，陈旖旎当时穿着一件紫色旗袍，挽着丈夫的胳膊，正等着西餐厅的侍者将他们领到座位上，圣诞晚餐早就预订好了，战斧牛排，一支红酒，一支香槟。这里的牛排闻名遐迩，陈旖旎要三分熟，切开牛排，血水流出来，这时她才知道有一个女孩掉下来摔死了，她的男伴儿已经被警察带走，陈旖旎看着粉嫩的牛肉，向丈夫感叹，这是一个凄美的爱情故事吧。丈夫皱眉，说，这可真是一个血腥的夜晚啊。

陈旖旎无法忘掉这个夜晚，也对那起意外产生强烈的好奇，她四处打探，终于拼凑出事情的起因，那姑娘 27 岁，未婚，她喜欢的小伙子出差来北京，女孩盛装打扮来见小伙子，在酒店房间里求欢，小伙子不从，女孩儿开始脱衣服，小伙子就从房间跑出来，女孩子不顾自己衣衫不整追了出来，在走廊叫住男孩说，你要是不答应我，我就从这儿跳下去，她翻身越过栏杆，男孩还是不从，女孩作势欲跳，吓唬他，如是者两次或者三次，然后意外发生了，女孩掉了下去，男孩立刻瘫倒在地。监控录像和男生的口供都表明，事情的经过就是如此。丈夫的疑问是，男孩为什么不从呢？女孩很难看吗？陈旖旎说，男孩不从不也是很正常吗？男人不能同任何一个他碰到的有交配可能的女性交配啊。丈夫说，是吗？我以为男人不放过任何交配机会呢。陈旖旎说，不是，分析一下你自己的性幻想，你肯定想征服那些难以征服的美丽的或者是有权势的女人，像007那样，如果007逮着谁跟谁上，办公室里的女性都不放过，他就不会是你的偶像。丈夫收藏着所有的007电影，但他否认陈旖旎的分析，"救人一命，胜造七级浮屠，赠人一炮，胜造三级浮屠。"

几年后，陈旖旎有了孩子。又过了几年，陈旖旎认识了吴思齐，担任他的导师，也担任他的咨询师，吴思齐会跟她一起分析病例，讲述自己的困惑，每个月有固定的一天，他们见面。起初在学校的办公室，而后会一起午餐，午餐后再喝一杯咖啡，后来会一起吃晚饭，晚饭后再喝上一杯，再后来，晚饭后会去一家酒店。

"我们这是通奸吗？"吴思齐问陈旖旎。

"这个词太难听了。"

"那是什么?"吴思齐对名词和概念有一种特殊的执拗,他会问陈旖旎,到底什么叫"正念",到底什么叫"积极",这些名词是怎么定义的,他也要给二人的关系一个确切的定义。

"约会,我们在约会。"

"那我们是炮友吗?"

"情人,你不觉得情人这个词更好听吗?"

再后来,陈旖旎离婚,她安慰吴思齐,别担心,我们离婚不是因为你,是我们出了问题。她带着儿子过日子,每个月有两个周末,儿子会跟爸爸过,每到暑假,儿子也会跟爸爸一起去度假。陈旖旎老师和吴思齐医生的约会频率稍高了一些,每个月两三次,最多三次。吴思齐疑心,陈旖旎有别的情人,他问过:"你不想再给孩子找个爸爸吗?"陈旖旎回答:"他有爸爸啊。"

吴思齐松了一口气。

"你倒是应该找一个老婆。"

"我有你,就很好。"吴思齐严肃作答。

吴医生确信陈旖旎是他能找到的最好的女人,她带着他探索性爱,也给他智识生活上的享受,他们会去听音乐会,去国家大剧院，去天桥剧场看芭蕾舞，她会给他讲看过的某一本小说，某一个老电影，也会向他推荐心理学、脑科学方面的书，她恪尽职守，完美地完成导师的工作，也完成咨询师的工作，按照职业规范，这两个工作理应由不同的两个人担任，但吴思齐认定了陈旖旎，让她集导师、咨询师、情人三位一体，他们会讨论案例，教学之余，陈旖旎偶尔会做一些婚姻顾问的工作，所以他们会在一起聊，一夫一妻制合理吗？为什么人们对性越来越宽容，对出轨的态度却没变化？人们为什么需要秘密？秘密能带来掌控的感觉吗？

有时候，吴思齐回到学校，听陈旖旎老师讲课。她有一门课叫"性与心理学"，在大阶梯教室上课，每次都能坐上百八十个学生。吴思齐从后门偷偷溜进去，坐在不起眼的地方，看着讲台上的陈旖旎教授，她穿精致的套装，戴着一条绿色丝巾，她显然看到了吴思齐，脸上露出一丝不易察觉的微笑，她声调平缓："刚才我们说了卡夫卡的小说，格里高尔早上起来变成了一只大甲虫，没法儿去上班。上班和变成甲虫之间，是一种什么关系呢？很可能是他每天都去上班，压力大，无意义，他才变成一只甲虫的，这实际上是有心理学依据的。有一些医学报告说，许多心理疾病都和工作密切相关，焦虑、失眠、恐慌发作，经过心理咨询也没什么好转，但只要他们不工作了，辞职在家待一段时间，这些病症就消失了。所以工作可能是一个疾病源。"

学生们嘻嘻笑，陈旖旎接着讲："我们要说的是，变成甲虫这种体验，我们会有身体僵硬的感觉，你们还年轻，还不至于，但中年男人经常会有身体僵硬的感觉，肩膀伸展不开，弯不下去腰，肌肉紧张，大多数中年人都是这样的，两条腿不一样长，骨盆两侧不一样齐，面部也不再有疏朗的笑容，眼角往下沉，眼皮有点儿松。"这几句话好像是讲给吴思齐听的，他在座位上挺直腰板，眼睛睁大，努力摆出自然健康的样子，听陈老师讲课。"赖希将这种身体的僵硬称为盔甲状态，这也是卡夫卡小说中格里高尔的感觉，变成了一个甲虫，不再有自己的身体，赖希认为，身体上的不适都是由性的不适引起的，性的压抑导致整个人都缺乏快感。"幻灯片上显示出赖希的头像，陈旖旎开始讲述赖希的生平和理论，"赖希1897年出生在维也纳的一个富商家庭，十三岁之前一直在家里受教育。当时维也纳的有钱人家都是聘请家庭教师给孩子上课的，著名的维特根斯坦家，家里有八个孩子，最多的时候有二十三位家庭教师。赖希的家庭教师教他读书写字，到他十三岁的时候，赖希的爸爸发现，赖希的妈妈和这位家庭教师有染，于是他把家庭教师解雇了，把赖希送到了一所寄宿学校。稍稍掌握一点儿精神分析理论，就会看出来这件事对赖希以后的生活有极大的影响。"

陈旖旎的语气越来越严肃，似乎过于严肃。这个严肃的教师形象与情人的形象相叠加，她讲赖希有关性高潮的理论，讲赖希19世纪60年代在美国的影响。吴思齐认真听讲。多年前，他在这所医学院里上学时，第一堂解剖课上，老师说，面对尸体的时候不要怕，脑子里可以想点儿别的，比如你们的性生活啥的。有同学哄笑着说，老师，我还是童男呢；老师，我们没有性生活啊。吴思齐也笑，在心底悄悄地说，是啊老师，我还是一个处男呢，我还不知道性是怎么回事呢。二十多年过去了，还是在这个医学院，陈旖旎好好帮助他进修了这门课，性与心理学，在饭桌上讲，在电话里讲，在床上言传身教，在陈老师指引下，吴思齐享受着性与智识生活上的双重快乐。他想过，如果陈旖旎是孤身一人，他也许会求婚，孤独感袭来之时，这个念头就更加强烈。然而，做一个小男孩儿的爸爸，他不愿意，那样的关系太困难了。

"别耽误你自己，你该找女朋友就找女朋友，该找老婆就找老婆。"陈旖旎说过。

"我觉得一个人挺好。"

"是的，一个人挺好的。我结束了一次婚姻，想不出有什么理由要再开始一次婚姻。"

吴思齐从来没去过陈旖旎老师的家,陈旖旎也没去过吴思齐的家,两个人的约会始终在酒店里。起初他们在五洲大酒店、亚洲大酒店、中国大酒店,随着吴思齐的收入增长,他们会选在四季或半岛,不管住在哪里,陈旖旎都坚持付一半的费用。她跟吴思齐讲过当年那个血腥的圣诞夜,那间酒店已经改建成了写字楼。他们住过旁边金融街的丽思卡尔顿,丽思卡尔顿的游泳池有一张大屏幕,从早到晚放映好莱坞的黑白电影。他们住过颐和园的安缦,清晨在四下无人的西堤辨识植物。

"酒店里安全吗?我也听说过好多次酒店里的怪事。"吴思齐说。

"安全,非常安全。我觉得酒店里的做爱比例非常高,同样一栋楼,酒店里亲热的人肯定会比住宅小区里亲热的人多,你把它想象成一个虫子的巢穴,我们是两只小虫子,前后左右还有许多这样的小虫子。"

吴思齐最喜欢华尔道夫的一种套间,一道推拉门隔开卧室和外间,卧室中有一道门通向浴室,打开门之后是洗手池和玻璃间隔出来的马桶,再有一道推拉门,里面是浴池和淋浴房,大理石纹路的墙壁镶着一面镜子,镜子前面放着一把

111

椅子，吴思齐喜欢长时间地躲在浴室，把外面的三道门关上，隔绝在一个安全又温暖的地方，有灯，有热水，有火热的身体。慢慢地，镜子上有一层雾气，陈旖旎裹上浴袍，手指在镜子上滑动："嘿，我听说，用柠檬汁在镜子上写下几个字，等雾气上来的时候，那几个字就能浮现出来。我想写上，我死得好惨啊！等下一个客人进来，洗完澡发现镜子上的字，一定吓晕过去。"

"那你试试吧。"

他们离店时，要了一壶红茶，陈旖旎用柠檬在浴室镜子上写了四个字"我要死了"，这看上去不像是一句遗言，倒像是性爱之后无尽的欢愉。

有一次在四季酒店，他们遇到了一位住店画家，当时他们在吃早午餐，咖啡厅的一角，有一位画家穿着花裙子，蜷缩在沙发上，面前是一个画架，架上有一幅丙烯画，二人吃完，走过去看，有一位酒店经理上前介绍："这是我们的住店艺术家。"

"住店艺术家？"吴思齐又被这个名词吸引，"你就住在这个酒店里？"

画家笑："我怎么住得起呢？就住一个礼拜，管吃管住，我倒是想住上一辈子酒店呢。"

陈旖旎端详画作:"那你的房间会变成画室吗?在房间里画画?"

"我就在这里画,其实跟在街头卖画一样,不过换成在酒店里卖。好像酒店里的客人就更懂得画似的,大堂里有一个弹钢琴的,我们的工作性质差不多吧。"女画家懒洋洋的,赤着脚,印有酒店标记的拖鞋踢在一边,吴思齐盯着画家的脚看,酒店经理走开。

"你们是情人吧?"画家冒出来一句问话。

陈旖旎大方承认:"是啊,老情人。"

"真好,看着就好。"画家说。

架上是一幅抽象画,只有几个跳动的色块,陈旖旎问:"这幅画画完了吗?"

画家对他们很好奇:"你们两个是干什么工作的?"

"我是教师,他是医生。"

"好般配啊。"画家转向吴思齐,"你是什么科的医生?"

"精神科。"吴思齐回答。

画家有一点儿挑逗的意思:"那你应该给我看看病啊。"

陈旖旎笑:"还真是有不少画家,是住在酒店里发疯的,因为酒店里的门和镜子太多了,特别容易让人产生幻觉。"

三人东拉西扯地闲聊,如果有酒,他们就会继续聊下去。

回到房间的时候，陈旖旎说："我想起来了，有一个德国画家在酒店里发疯了，整天光着屁股在酒店里跑。我不记得那个画家的名字了。"她很突然地转折，"嘿，她的脚好看吗？"陈旖旎注意到，刚才那几分钟的闲聊，吴思齐一直盯着画家的脚看，那是一双美丽的脚，白色和粉色融合在脚上，像在画布上一样自然，籽骨、楔骨、足舟骨都一节节清晰地显露出来，随着画家坐姿的变化轻微地扭动着，吴思齐有点儿不好意思："挺好看的。"

"你对脚感兴趣吗？从来没听你说过。"

吴思齐努力回想画家的脚："每个人的脚都不太一样吧。"

陈旖旎在床上教给他的第一课是放慢节奏，她播放拉赫玛尼诺夫《第二钢琴协奏曲》给他听，说第一乐章和第二乐章都是前戏，要舒缓一些，舒缓中才会有深情。第二课是专注，不能走神儿，在舒缓和漫长的前戏中保持专注，要让对方感觉到你全身心地投入，彼此欣赏，别着急做下一个动作。两人花了大半年的时间才配合默契，他们每一次都会持续一小时，从最开始的触碰，到结束时的拥抱。陈旖旎说，慢一点儿，就会更专注，然后就会再慢一点儿，性爱的时间持续得长，两个人在一起的时间就会长。她有一堆调查数据支撑自己的理论，还写过一篇《性与亲密关系》的论文。吴思齐信奉陈旖旎的理论，延长肌肤相亲的时间，的确能让他们更贴近，也让他们对彼此的身体更熟悉。他们缓慢而专注的性爱持续多年，陈旖旎引导他尝试过许多花样，吴思齐最喜欢的游戏是让陈旖旎穿上护士服，吴医生就变成了病人，说自己哪里不舒服，要测体温要打针，要让护士检查身体，这个游戏吴思齐玩起来乐此不疲。有一次，玩完了游戏，吴思齐问陈旖旎是不是看过希区柯克的《擒凶记》，陈旖旎说不记得了，吴医生就掏出手机，找出《擒凶记》给陈旖旎看，他要陈旖旎看的，是电影中医生夫妇在集市上的那一段对话，医生的妻子说，是坎贝尔太太的胆结石为我们的酒店付款，是比尔的扁桃体为我在巴黎购物付款，医生说，是啊，是马修先生的阑尾手术为我穿的西装付钱，是摩根先生的麻疹为我们下一次旅行付钱。吴思齐哈哈大笑，说他小时候就看过这部电影，记住了这段台词，明白了医生的收入来源。陈旖旎也笑："你的意思是说，托尼的焦虑症为我们的酒店付款？那位绝望的主妇，为我们今天的晚餐付款？"

吴医生笑："是的，护士小姐，这样说很无耻，但就是这样的。"

在瑞吉酒店的中餐厅，为吴医生和陈教授的晚餐付钱的，就是刘棣不明原因的勃起。吴医生向陈旖旎讲了刘棣的案例，陈旖旎听得很入神，她问："你们约了下一次的咨询吗？"

"没有，但我觉得他还会来。"吴医生用筷子把鱼骨剔开，"他是那个托尼周介绍来的，他们两个应该是朋友，但两个人太不一样了。"

"托尼怎么样？"陈旖旎喝了一口汤。

"挺好，有点儿怕结婚。不过，他邀请我去参加婚礼。我不知道是不是该去。我去吗？我挺好奇有钱人结婚是什么样的。"

"去呗，他跟你这里聊了两年多了，把你当朋友了。如果他和你聊了好多他对婚姻的担忧，婚礼的时候你在现场，他会觉得有个支撑。"

吴医生吃了口饭："你跟我一起去吗？出席婚礼总要有个女伴吧，我们一起去吧，去看看。"

"我到时候看看时间安排吧。"

有一位餐饮部的经理，从中餐厅的包间走出来，走向门口，他无意间望向陈旖旎，愣了一下，觉得在哪里见过，但又想不起来。酒店从业人员对人脸有一种特别的记忆力，十年前，这位餐饮部经理在西三环那家五星级酒店的扒房当侍应生，那一年圣诞前夜，有个漂亮的女生从酒店中庭掉下来，砸破健身房的玻璃屋顶，当时就餐的客人都有些心神不宁，侍应生给一位穿紫色旗袍的女士斟酒，两人曾有过短暂的对视。那个掉下来的女生27岁，在一个互联网公司工作，有着大好前程。那起意外事件之后，酒店里就有一种诡异的气氛，健身房没客人，厨房时不时丢餐具，总有人开玩笑，嘿，那位小姐姐饿了，要吃牛排。侍应生不喜欢这样的玩笑，他跳槽再跳槽，慢慢坐到了餐厅主管，现在转到了瑞吉酒店。他在酒店里遇到过很多怪异的客人，他匆匆走过餐厅的时候看见了陈旖旎，确信自己见过这位客人，但不知道是在哪一家餐厅里。他保持着职业的微笑走开。

12

这一段时间，刘棣觉得唐娟有点儿不对劲，自打唐娟宣布不要和他说话之后，他们之间的交流就维持在最低限度，能不说话就不说话。但刘棣还是觉得她不对劲，她整天躺在床上，懒得收拾房间也懒得收拾自己，很少进食，床边散落着大山楂丸的包装纸，方便面泡在碗里，沾染着墨迹的宣纸摊在地板上。每周一三五，会有一个小时工来家里打扫卫生，所以唐娟制造的垃圾都会在屋里保留24小时以上。唐娟原本是一个干净利落的人，当年住在鼓楼的胡同里，她把屋子收拾得井井有条，后来搬进新家，他们达成协议，唐娟可以不干家务活儿，因为她要把力气用在剧本上，她那么瘦小，就那么点儿力气，不能用在太多的地方。现在，她好像没力气了，没力气收拾屋子，没力气工作，也没力气和刘棣说话。

  一年前，刘棣去上海出差，在酒店房间里被性欲折磨得睡不着，打开电视，看到一个恐怖片，虽然不知道前半截的内容，但被后半截吓得半死，看完心惊肉跳，缩在被窝里睡觉。一年来，他一直想把那个电影完整地看一遍，他记得那片子叫《死寂》，某天夜里从网上找到资源，下载了看。再次看得心惊肉跳，但这次看的《死寂》，并不是在上海酒店里看的那个。他根据记忆中的情节搜索关键词，发现可能是《招魂》，又在一个深夜下载《招魂》，再次被吓得心惊肉跳。可惜还不是上海酒店里的那一部。再搜，感觉可能是《潜伏》，下载，再看，还不是，同样心惊肉跳。刘棣感觉自己遇到了灵异事件，莫非当年在酒店房间里看的是一部完全不存在的电影？他不甘心，夜里在豆瓣的"相似影片"中找线索，终于找到了，原来是《险恶》，下载看完，果然是《险恶》。连着花了四个夜晚，刘棣看了《死寂》《招魂》《潜伏》《险恶》四个恐怖片。白天他就骑着小黄车去四得公园，看年轻人踢球，看老年人遛弯儿，看小孩子蹒跚学步。置身在阳光之中，感受一片和谐宁静。

这一天从四得公园回来,他打开家门的时候就觉出了异样,窗户开着,屋里凉飕飕的,唐娟躺在床上,面朝里,倪乐乐坐在床边,满脸愁容。刘棣呆立,想问什么,嗓子却发干,倪乐乐起身,把他拉到客厅,递给他一张纸。那是北医六院的诊断书,上面的字是打印出来的,有"中度抑郁偏重"六个字,还有几个陌生的药品名称,奥沙西泮、瑞波西汀、奥氮平、艾司唑仑。刘棣盯着诊断书看,总觉得哪里不对,他好像踏进了另一个时空。有一次,有个快递员给刘棣送快递,打电话来说他在15层,敲了半天门就是没人开门,刘棣说,我就在家啊,没听见你敲门啊。他拿着电话推开门,楼道里看不见快递员,快递员坚持说他就在1501门口呢。那一刻,两个人像是在平行宇宙中。刘棣盯着诊断书,盯着纸上那些陌生的药品名称,觉得自己一定是走错了楼层,在另一扇门背后,在另一重帷幔后面,肯定还有一个安静的唐娟在电脑前写字。

倪乐乐双手抱在胸前,声音压得很低:"你应该早点儿带她去医院。你是真不把她当回事啊。"

刘棣在餐桌前站着,腿有点儿软,扶着桌子,喉咙发紧:"我是觉得她情绪不太对——"他抖搂一下手中的诊断书,"可这就是抑郁症?"

倪乐乐挥手打断他："我一会儿把怎么吃药给你写下来，你要盯着她吃药。"她扫了一眼厨房，"有什么吃的吗？我可饿坏了，一天没吃饭。"

刘棣打开冰箱，里面有几个土豆几个西红柿，有一大袋鸡翅，已经冻了很久，他说："我做个鸡蛋西红柿面吧。"他洗菜坐锅烧水。新婚之时，倪乐乐还常到家中吃饭，三个人其乐融融，那时候他买过一本《西餐从入门到精通》，从烤土豆开始，做烤鱼，做勃艮第风味牛肉，烤箱上有一个小时钟，蒸箱上也有一个小时钟，两个时钟总有十几秒的误差，一个显示 14 点 16，一个显示 14 点 17，不论刘棣怎么调整，也只能将误差缩短到几秒，两个时钟的确会同时显示 16 点 28 分，但烤箱上的那一个总会率先进入 16 点 29。现在，烤箱上的时钟和蒸箱上的时钟已经有了十多分钟的差异，哪个都不准。

他做好面条，盼着一回头就能看见倪乐乐和唐娟坐在桌边等着开饭，盼着时间机器出现一个小小的失误，能回到几年前，或者回到几个月前。

他把面条端上桌，倪乐乐盯着手机看，头也不抬，刘棣说："我下去一趟，五分钟就回来。"

刘棣在楼下的便利店里买了一盒烟一只打火机，撕掉包装纸，打开烟盒，撕开锡纸，拿出一支烟。手指在微微颤抖，他点上烟，吸了一口，怎么这么臭？他从烟盒里又拿出一支烟，放到鼻子下，使劲闻了闻，烟一直是这样臭的，两个月的戒烟努力失败了。他跑上楼去，倪乐乐已经吃完了面条，刘棣掏出烟盒："你说这个抑郁跟抽烟有没有关系，她原来抽烟的时候挺好的，如果她接着抽烟，没准儿就好了。"

倪乐乐冷冷地看着他："您别这么幼稚了好吗？做好准备，也许一年半载，也许三年五载，咱们长期战斗吧。"她收拾东西，刘棣有点儿慌："你要走了？"倪乐乐对着门口的穿衣镜："她刚吃了镇定药。我把药品的说明什么的都发到你手机上了，你看看吧。还有一些科普文章，你也看看。"

倪乐乐出门，刘棣送到电梯口，倪乐乐盯着电梯门："她原来是多快乐的一个人，我现在不想跟你多说什么。但我们有算账的时候。"

刘棣用手机查询奥沙西泮瑞波西汀奥氮平艾司唑仑都是些什么药，看了几段关于抑郁症的视频，听到唐娟屋里有动静，他站到门外却不敢进去，屋里安静下来，他又走开。门口的鞋柜上摆着一件未拆封的快递，里三层外三层地包裹着，是他买来的唱片。他拿起快递，回到自己屋里，看着书架上堆积的唱片和乐谱，抽出一张端详，然后坐下，拿起手机，在他经常光顾的一个唱片群里发一条消息，说要卖掉一张卡拉斯签名的唱片，等了几分钟不见有人回复，起身收拾唱片，打算一张张全卖出去。他折腾到夜里三四点，迷迷糊糊睡了会儿。天一亮，他去邻近的菜市场买菜，做早饭。

有快递员上门来取唱片，他叮嘱人家要小心包装，回屋和唐娟吃饭，看着她吃药，看着她拿了一本书歪在床上，然后接着在网上卖唱片，拍几张漂亮的照片，介绍这是朱里尼指挥柏林爱乐乐团的马勒《大地之歌》，上面有德国次女高音布里吉特·法斯宾德的签名，那是小提琴大师斯特恩的唱片，梅塔指挥纽约爱乐乐团1969年的演出，有梅塔的签名，他耐心地回复每一个询价者，小心地观察唐娟的动态。他问，你想吃什么？你要洗澡吗？你要来点儿水果吗？不论他说什么，唐娟都没什么反应，几乎不开口说话。刘棣也就不再多嘴，在手机上问倪乐乐今天是否还来，倪乐乐回复说，今天要处理一堆事儿，明天过去。到了晚上十一点，刘棣终于困了，昏沉沉地睡了过去。早上起来，继续做南瓜饼、水煮蛋。

倪乐乐早上九点敲门，进来悄声说："我想带唐娟去另一家医院看看。"

"我跟你们一起去吗？"

"不用，我约了一个人来装护栏。"倪乐乐指着窗户，"这些地方都装上。"

"有必要吗？"刘棣问。

"万一她真跳下去了就晚了。"倪乐乐打开窗，俯身向外看，刘棣也向外看，楼下有半个篮球场，篮板上一个孤零零的篮筐，塑胶地面的红色被雨水洗刷得很淡，树下面有两张长椅，有三辆婴儿车停在长椅边上，几个保姆抱着孩子聊天，看上去安宁祥和，如果有人从楼上跳下来，肯定会把他们吓坏的。

倪乐乐进了唐娟的房间，催促她洗漱打扮，过了两个小时，终于拉着唐娟出门。到中午的时候，来了一个小个子中年人，测量所有窗户的尺寸，在小本子上歪歪扭扭地写下一串数字。到下午四点，倪乐乐和唐娟回来。进门之后，倪乐乐拉着唐娟的手给刘棣看："嘿，看看我们做的指甲怎么样？"倪乐乐说，她们没有去医院，唐娟过几天还会去六院复诊，但不肯去一家新医院看一位新的医生。唐娟坐在沙发上，盯着自己亮晶晶的手指甲，格外平静。好似一切恢复正常，她就是跟闺密一起去外面做了个美甲。

那天下午，唐娟和倪乐乐出门，上车之后，唐娟系上安全带，打开车里的遮阳板，拉开里面的小镜子，一盏小灯亮起，她从兜里摸出一管口红，看着镜子，在嘴唇上抹了两道。倪乐乐在驾驶座上扭头看她："我看你挺正常的啊，还知道涂脂抹粉呢。"

唐娟收起遮阳板，把口红攥在手里把玩，那一管口红像一颗霰弹枪巨大的子弹："我没病。"

"那我们去不去医院了？"倪乐乐有点儿激动。

唐娟冷静地说："开车吧。我要去修修指甲。"

"你吃药有效了？觉得好点儿了？"倪乐乐发动车。

唐娟不说话。

"得，又不说话了。"

"你放心吧，我没病，我就是有点儿抑郁，但我真的没有抑郁症。"唐娟把口红装到兜里。

"你是说你装的？你不是去看过医生吗？还拿回来一份诊断书。"

"我就是不想说话，不想起床，不想干活儿。可我没病，我好着呢。"

"所以，你是演戏呢是吗？你骗过了医生，我还陪着你哭了两鼻子呢。你要骗谁啊？骗你家男人？为啥啊？你想跟他分开？你想考验他一下？如果他好好照顾你，你就慢慢好转，如果他嫌弃你，你就离开他？不过，谁经得住你这样的考验啊？他肯定经不住啊，换别人也经不住啊，我也经不住你这样考验啊。"

"所以，我告诉你，我没病。"

倪乐乐笑，像是要从座位上跳起来："我知道了，你要把他逼走？让丫净身出户把房子留给你！"

唐娟盘腿坐在副驾驶座位上："你就会这样庸俗地考虑问题。"

"我庸俗，我庸俗，那你快跟我说说，这出戏你是怎么想的。你料定他扛不住，会跑掉？"

"我没演戏，我真的是有点儿抑郁。"唐娟咬着手指，眼睛看着窗外。路边挺立的杨树，发出哗啦啦的声响。

"你没演戏？我以为你不想活了呢，我还怕你死了呢。我还请人来量窗户，给你装上护栏呢。"

"装上好，省得我真跳下去。"

"你可别吓唬我了，跳下去一大摊肉可怎么收拾啊。虽然你瘦点儿，可也是一大摊肉啊。"

倪乐乐在座位上跳动着，如果没有安全带绑着，她好像要撞到前挡风玻璃上："要说咱们两个配戏还真是默契啊，我怎么就会想着给你装一个护栏呢。装上护栏，就像监狱了。不过你行不行啊？你要是让我演，我还真演不出来，在敌人的监视下，一直不说话，是不是也不洗澡也不吃饭啊？不起床我觉得我能行，不吃饭我不行，吃得少点儿就当减肥，我坚持一下也可以。不说话挺难的，我心里憋不住火，看着敌人这样对付我,我早就骂过去了。不洗澡太难了,你是不是一直没洗澡啊?是不是臭了啊?我得打开窗户散散味儿。"她凑过来闻,摇下车窗。

两人去了一家美甲店,鲜红的座位都安置在一个高台上,做指甲的小妹站着给客人打磨,唐娟向倪乐乐介绍剧情,这是一出经典的三幕剧:第一幕叫"生病",已经开场,犹如一根鞭子,挥动起来,力量自然能传递到鞭子的末梢。第二幕叫"缠斗",是跟刘棣耐心做斗争,有来有往。第三幕是"结局",两人分开。整出戏可能要持续半年的时间。

三天后,倪乐乐和唐娟去六院复诊,小个子男人带着两个伙计上门,用两个小时的时间给所有窗户安上了护栏,在电钻声中,刘棣看着窗外被铁栏杆分割开的天空,抽了根烟,喃喃地说:"这可真像是个监狱。"小个子男人自始至终默不作声。

13

五月的第二个周六,是托尼结婚的日子。吴思齐早早起来,收拾打扮,衬衫挺括,皮鞋闪亮,穿上了一套迪奥西服。接上陈旖旎,见她打扮得也颇为精致。两人坐在汽车后座上,心情愉快，参加婚礼总让人心情愉快，吴思齐说："我兜里装着一个红包，不知道两千块钱够不够？"陈旖旎拍拍他的手："够了。"

蓝天上飘着白云，春风拂面，真是结婚的好天气。陈旖旎问："你知道新娘什么样吗？"

吴思齐说："新娘在一个画廊工作，富家女，别的我就不知道了。昨天晚上，托尼还给我打了一个电话，说他还是紧张，今天的仪式好像很复杂，很庄重。"

陈旖旎笑："婚前恐惧啊。也不知道有钱人的婚礼什么样。"

汽车开进东四环的优山美地俱乐部，蜿蜒的车道两旁有高大的树木，而后是一片大草坪，草坪上搭着两座巨大的白色天幕帐篷，穿白色裙子的姑娘迎出来，给吴思齐和陈旖旎戴上胸花，请他们签名，吴思齐看左右并没有人收礼金，也就把红包留在兜里。帐篷里的长条桌上，摆着黄色的马蹄莲，帕卡拉水晶冰桶里是凯歌香槟，黄色的花朵和黄色的酒标映衬着冰桶上的金色。帐篷外的草坪上，摆着两百张白色椅子，百合花和白色纱幔搭建的花门和四方亭之间用花瓣铺就了一条通道，陈旖旎看着，叹了一口气说："好美啊！"

侍者送上香槟，吴思齐打量了一下四周，宾客都衣着体面，相谈甚欢，草坪中铺设的音箱里播放着《温柔的倾诉》，陈旖旎喝了一口酒，眼睛亮晶晶地问："有你认识的人吗？"吴思齐还没答话，刘棣端着酒杯走了过来："吴医生，你来了？"

吴思齐微笑："来了。"随即给两位做介绍，三人碰杯，又赞叹婚礼布置得漂亮。侍者转过来，取走刘棣喝光的酒杯。有一搭无一搭地闲扯了几句，陈旖旎说："我去补一下妆。"向刘棣微微点头，刘棣见陈旖旎走开，又拿了一杯酒，问："吴医生，你对抑郁症有研究吗？"

吴思齐摇头："谈不上有什么研究，我接诊过几个有抑郁倾向的人，但抑郁症，要去医院。"

"要吃药？吃奥沙西泮这类药物？"

吴思齐喝光杯中的香槟："每个医生都会有自己的诊断。怎么？你怎么要问这个？"

周围的欢声笑语忽然降低了，吴思齐像是戴上了一个降噪耳机，他清清楚楚地听到刘棣说："我老婆好像得抑郁症了。北医六院的诊断，中度抑郁偏重。"

又一位侍者走近，吴思齐将空酒杯放到托盘上："她开始吃药了？"

刘棣点头："医生给她开了奥沙西泮、瑞波西汀、奥氮平，还有艾司唑仑。她现在不怎么说话，整天昏昏沉沉的，也不怎么吃饭。我带她去找您看看怎么样？我是说，她这种情况，看心理医生有用吗？能不能缓解一下呢？"

吴思齐低下头:"你有烟吗?我们去抽支烟吧。"

刘棣从兜里拿出烟:"你也抽烟啊?医生也抽烟吗?"

吴思齐说:"偶尔抽一支。"

两人走出帐篷,到草坪边缘的大树下,刘棣给吴思齐点烟。

草坪另一边是宴会厅,灯火通明,一张张圆桌上花团锦簇,侍者正在摆放刀叉,陈旖旎从宴会厅门前走过,找到洗手间,推门进去,一下子愣住了,洗手池的镜子前,站着一位四肢修长的姑娘,黑色的牛仔裤,黑色的衬衫,这一身打扮似乎不太适合出席婚礼。陈旖旎微微一笑,算是打个招呼,那女子面无表情地戴上墨镜,走了出去。几分钟后,陈旖旎走出洗手间,回到帐篷,看见吴思齐和刘棣站在远处的树荫下说话,她不便上前打扰,就拿起一杯香槟,悄悄观察四周,想找到刚才在洗手间碰到的黑衣女子,惊鸿一瞥,那女子身上有一股英姿勃发的劲头,陈旖旎想多看几眼。

树荫下,吴思齐听刘棣讲妻子唐娟的状况,身体微微前倾,他掐灭烟头,站直身子:"好久没抽烟,抽一根还有点儿晕乎乎的。"刘棣苦笑一声,吴思齐接着说,"如果她现在不想说话,你把她带到我这里也没什么用,她这样的状况,不是我们说话来开导就管用的,你开导她没什么用,我说话也没什么用,你能做的就是陪伴。但在这个陪伴的过程中,你可能需要纾解自己的情绪，陪伴一个抑郁症患者可不是一件容易的事，也许半年一年，会好转，也许三年五年，好了又坏了，反反复复，你要做好心理准备。你自己可能会出现一些问题。"

刘棣把烟头扔到地上，踩上去，长叹一口气："我都不知道会发生什么。我他妈的也抑郁了。"

吴医生没说话，等着刘棣平静下来，刘棣语速加快："我觉得我特别可笑，一个月前去找您的时候就挺可笑的，跟恶作剧似的，没想到真的恶作剧在后面呢，咣当一下我就掉到一个坑里，这要真是一个玩笑就好了。谁在跟我开玩笑啊？也不看看我经得起这个玩笑吗！我先是丢掉了工作，收入少了一多半，然后摊上一个病人，这个病还不知道怎么治。我没准儿真的抑郁了。您说这个病传染不传染啊？"

吴思齐伸出手："再来一支烟吧。"

刘棣掏出烟，给他点上，自己也点上一支，深深吸了一口："上次我去找您的时候，还戒着烟呢，这几天又抽上了，抽也烦，不抽更烦。您说现在怎么这么多抑郁症啊？"

吴思齐低头："怎么说呢，我觉得这个病很多时候是夸大其词。我说的这些跟你妻子没什么关系，我只是说我对抑郁症的一些看法。你刚才说自己也要抑郁了，我知道你肯定很难受，你要长期陪着一个患者，这是一件挺痛苦的事。可你的痛苦怎么表达呢？你怎么跟人说你心里的感受？其实是说不清楚的。好了，现在有一个现成的词，抑郁，或者抑郁症，你很自然就会说，我也要抑郁了，这样别人很快就能理解。当然你用得不太准，可能你说焦虑症比较合适。抑郁是什么呢？你掉到一个黑洞里了，你生活的欲望被消磨掉了，你前些日子还硬邦邦地到处寻欢呢，现在可能都硬不起来了。没那个心情了，这是抑郁，这个词摆在那儿，你一说别人就明白你的精神状态是什么样的。如果说抑郁症能传染，那它就是这么传染的，抑郁症焦虑症这些词被传播得越多，就有越多的人用这个现成的词来表达自己内心的痛苦，本来人们遇到什么问题，慢慢消化自己的痛苦，和家人倾诉，靠朋友安慰，就能渡过难关。现在呢，这是病，心理疾病要去医院，要吃药，病人就越来越多。这是一种机制，一种大范围制造病人的机制，你听明白我的意思了吗？我们有一个巨大的症状池，谁都可以挑出一些症状安在自己身上。我的看法不一定对，但我真是这么想的。"

刘棣似懂非懂："您是说，这是夸大其词？好多人根本没病，就是要把这个病安在自己身上？这不是血清素减少造成的一种病吗？您说，跑步管用吗？跑步让血清素更多点儿？"

吴思齐吸了一口烟，语速加快："你还是没太理解我说的。

我给你举个例子吧，一百多年前，日本流行一种病叫神经衰弱，几十年前，我们这里也有神经衰弱这种病，你只要睡不好觉、头痛、耳鸣、肚子不舒服、眼睛疲劳、注意力不集中，好，你就是神经衰弱。当时好多日本的艺术家啊作家啊，都患上了神经衰弱，后来日本有一个特别厉害的首相上台，他说，什么神经衰弱啊？就是一群意志薄弱的人，他们就是对付不了压力。他给医生下命令，仔细筛查，看谁是真的有病，谁是没病装病。结果没几年，日本的神经衰弱患者大幅度减少，没事了。又过几十年，新一代的精神科医生就不再承认有神经衰弱这么一个病了。现在咱们这里说，全中国有几千万抑郁症患者，好多人没去看病而已，这不是胡扯吗？哪里会有这么多人得抑郁症。这完全是一种再造病人的现象，你听说过有一种病叫 PTSD 吗？创伤后应激障碍。其实就是你跟人吵架，受了委屈，心生怨恨，或者像你这样，节目被停播了，你愤愤不平，这也算是创伤后应激障碍。你听说过这种病吗？没有。但过两年你可能就听说了，因为一帮精神科医生和大医药公司正在发明这种病，他们发明一种新病，然后研制治疗这种病的药。这背后是极大的市场。"

刘楝苦笑："我好像被您说晕了。您的意思是根本没有什么神经衰弱啊抑郁症啊这些病？"

吴医生笑："对不起我说得有点儿乱。我是说，好多病症的名称摆在那儿，传播得越广，知道的人越多，就有更多的人会觉得自己有病。你还是要放松，别把什么病症往自己身上套，多关心你老婆。先跑跑步，跑步能让你自己先感觉好一点儿。然后你才能照顾好你老婆。"

侍者请宾客入座，陈旖旎看吴思齐和刘棣还在树下说话，就向他们走过去，吴医生和刘棣也走过来，三人在草坪中会合，刘棣指了指前排："我要到那儿坐着，不好意思吴医生，拉着您说了这么多。"吴思齐摆摆手："我说的没什么用，没用的。"刘棣赔笑："有用，有用。我改天去找您。"

陈旖旎挽着吴思齐走向最后一排座椅，那一排端坐着一位黑衣女子，正是陈旖旎刚刚在卫生间碰到的。陈旖旎和吴思齐走过去，坐在那女子边上，吴思齐居中，黑衣女子在右手边，陈旖旎在左手边。黑衣女子跷起二郎腿，右腿架在左腿之上，足尖向上伸展，她穿着一双系带凉鞋，黑色的带子像两条交叉的绳索一样绑住她的脚，她的脚洁白闪亮，指甲是淡淡的粉色，籽骨、楔骨、足舟骨一节节地显露出来。吴医生侧头看，黑衣女子戴着墨镜，看不出是什么表情，吴医生低头，继续欣赏那一双完美的脚，黑衣女子将右腿放下，左腿再架上去，好像是让吴医生看完右脚，再好好看看左脚，

133

吴医生屁股向后挪了一下，调整一下坐姿，陈旖旎轻声一笑，吴思齐有些脸红，看了一眼陈旖旎，见她目不斜视地盯着前方。

前方搭建的舞台之上，赫然立着一个着古装的男子，淡青色的长袍，衣袖宽大，戴着一顶高帽子，像是从古装电视剧里跑出来的人物，他身上戴着小麦克风，每一位宾客都清楚地听到他的台词——"阴阳肇位，二仪开天地之机；日月叠璧，以垂丽天之象；内外乘时，两姓启夫妻之义。凤凰且协于雌雄，麒麟占吉于牝牡。龙凤藻绘呈瑞，琴瑟相调和鸣。喜月老之奇逢，庆天缘之合和。"乐曲响起，吴思齐悄声说："这个主持真厉害，我都听不懂他在说什么。"陈旖旎笑："像是个祭司。"吴思齐问："什么？"陈旖旎重复："祭司。"

古装主持人继续朗声念诵："呦呦鹿鸣，食野之苓。我有嘉宾，鼓瑟鼓琴。鼓瑟鼓琴，和乐且湛。我有旨酒，以燕乐嘉宾之心。"稍作停顿之后，他的台词继续，"瞻彼淇奥，绿竹猗猗。有匪君子，如切如磋，如琢如磨。瑟兮僩兮，赫兮咺兮，有匪君子，终不可谖兮。请新郎入礼。"陈旖旎悄声向吴思齐解释："这好像都是《诗经》里的句子。"

在四方亭一侧，托尼站立着，做古代书生打扮，像是《白蛇传》中的许仙，宾客们细小的骚动平息下来之后，托尼开口说话："遥望庭中兮，仿若天女落九天。仙袂乍飘兮，闻麝兰之馥郁；荷衣欲动兮，听环佩之铿锵。靥笑春桃兮，云堆翠髻；唇绽樱颗兮，榴齿含香。纤腰之楚楚兮，回风舞雪；珠翠之辉辉兮，满额鹅黄。出没花间兮，宜嗔宜喜；徘徊池上兮，若飞若扬。"主持人那一番说辞，已经颇为深奥，新郎的这一番赞词，引起宾客一阵低声惊叹，不少人站起来，转身寻找新娘，掏出手机拍摄。吴思齐惊讶地张大了嘴巴，过了半晌才说出话来："哦，这台词，这要背诵下来啊。"身边的黑衣女子像是自言自语，也像是对吴思齐说："这像不像一场猴戏？"吴思齐不知道该如何接话，不自觉地又去看她的脚。

像是要压制宾客的骚动，主持人以更高昂、更抑扬顿挫的语调朗诵："青田之鹤，昼夜俱飞；日南之雁，从来共归。双飞兮不息，自怜兮何极；一别兮经年，相去兮几千。雄飞入玄兔，雌去往朱鸢。岂如鸿雁相逐，俱栖俱宿。胜林鸟之同心，迈池鱼之比目。朝浮兮浪华，夜集兮江沙。萍随流而传岸，网因风而缀花。见虹梁之春色，复相鸣而戢翼。兰渚兮相依，同盛兮同衰。魂上相思之树，文生新市之机。金鸡、玉鹊不成群，紫鹤、红雉一生分。愿学比翼鸟，连翩恒逐君。吉时已到，行大礼。请新郎迎新娘入礼。"

新郎托尼在颂词中缓步走向花门，大概经过事先演练，这短短几十米的距离配合着主持词的节奏，在"吉时已到"

那一句，托尼正好走到花门前，他深深一揖。吴思齐的目光一直追随着托尼，没看清新娘何时站到花门那里的，新娘穿着一件大红袍子，手拿团扇遮住脸。黑衣女子在一旁吐槽："穿的是一个被面吗？怎么不弄一个盖头呢？"新娘身后跟着四位伴娘，着汉服，手里拎着篮子，篮子里是玫瑰花瓣，她们将花瓣撒向空中，新娘新郎携手走向四方亭。主持人又朗诵了一段《诗经》——"南有樛木，葛藟累之。乐只君子，福履绥之。南有樛木，葛藟荒之。乐只君子，福履将之。南有樛木，葛藟萦之。乐只君子，福履成之。"陈旖旎贴着吴医生的耳朵问："新娘怀孕了？"吴思齐点头："是啊。"右手边的黑衣女子似乎听见了他们的对话，嘴角露出古怪的笑容。

新郎新娘在台上站定，全场静默，等着主持人接下来的台词，台上的托尼好像愣了几秒钟，然后开始念诵："羡彼之良质兮，冰清玉润，羡彼之华服兮，闪灼文章。爱彼之貌容兮，香培玉琢，美彼之态度兮，凤翥龙翔。"黑衣女子嘿嘿一笑："忘词了吧？哈！这样不好吧？把自己的媳妇夸得跟天仙似的。"她的声音略有些大，引得前排两个女宾客回头打量，台上新郎接着赞美新娘："其素若何，春梅绽雪。其洁若何，秋菊被霜。其静若何，松生空谷。其艳若何，霞映澄塘。"黑衣女子声音放低了一些，像是对吴思齐说："好肉麻啊，我都听不下去了。"吴思齐不知如何回应,听到主持人宣布"请行却扇礼"。新娘拿去遮挡在面前的团扇,露出脸,几个摄影师抢上去拍照。主持人接着宣布:"新郎新娘易盥洗所,请执事为新人引水沃盥!"两个西装革履的年轻人上台,一人手中拿着一个类似水壶的器皿,一人拿着铜质的水盆,水盆边搭着毛巾,新郎新娘上前,用壶中的水冲手,然后用毛巾擦拭,黑衣女子问:"这是什么仪式啊?是金盆洗手吗?"吴思齐说:"我也不知道,不懂。"两人对视一眼,继续观礼。

主持人朗诵:"古人男女七岁,坐不同席,食不同器。今新人共食一牲之肉,共饮一杯之酒。从此同进共退。葫芦本味苦,瓢中酒亦苦,夫妻各饮下,自此共甘苦。新人行合卺礼!"又有两人上台,手中拿着切成两半的葫芦,两半葫芦瓢用一根长约一米的红丝带连接,新郎新娘接过葫芦瓢,主持人拿着一个水晶酒瓶,往葫芦瓢中倒酒,黑衣女子又忍不住自言自语:"是酒还是水啊?不吃点儿子孙饽饽吃点儿饺子什么的哈哈。"她似乎是说给吴思齐听的,边上的陈旖旎忍不住探头打量那姑娘,吴思齐觉得该说点儿什么,他问:"你是男方的亲友还是女方的?"黑衣女子答:"谁也不是,我就是来看热闹的,这个婚礼可真够好看的。"

夫妻对拜,接下来的环节是互赠信物,主持人朗诵着《诗经》:"投我以木瓜,报之以琼琚。匪报也,永以为好也。投我以木桃,报之以琼瑶。匪报也,永以为好也。"然后又是一段小曲儿似的串场词:"侬既剪云鬟,郎亦分丝发。觅向无人处,绾作同心结。"新郎托尼靠近新娘,解下新娘头上红缨,向宾客展示,而后系在自己的腰间,此为解缨礼。伴娘上场,新娘从伴娘手里接过剪刀,剪下一截儿头发,再从新郎头上剪下一缕头发,要用红线将两撮儿头发绑在一起。主持人念白:"结发同枕席,生生共为友。结发为夫妻,恩爱两不疑。"二十个字念完,新娘还在跟那两撮儿头发较劲,宾客们鸦雀无声,都在暗暗为新娘加油,终于,新娘把两撮儿头发和一根红绳放入一个小袋。新郎将其束紧,向来宾展示,宾客们鼓掌欢呼。新郎新娘向宾客行礼,大家听到主持人宣布"礼成",都长长地松了一口气,更加热烈地欢呼起来。乐曲声中,主持人朗声念诵:"请宾于筵,左右秩秩,笾豆有楚,殽核维旅。宾朋共庆,鸾凤和鸣,主客同举,天地昭昭。"宾客们纷纷上前,在四方亭前跟新郎新娘合影留念,而后在侍者的引领下移步宴会厅。陈旖旎问吴思齐:"你要去拍照吗?"吴思齐摇头:"算了,待会儿再说吧。"一片嘈杂中,刘棣走了过来,不住摇晃着脑袋:"太有文化了!太有文化了!"陈旖旎和吴思齐都听懂了他的意思,微笑着点头赞叹。刘棣忽然问吴思齐:

"刚才坐你边上的那个人是谁啊?"吴思齐一愣:"不认识啊,刚才还在。"他回头搜寻,那黑衣女子不知何时已然遁去。此时,前排一群人招呼刘棣去照相,刘棣又连忙返回去。

  吴思齐和陈旖旎在宴会厅中找到自己的座位,桌子上摆着茅台、红酒、喜糖和香烟,侍者们穿梭着上菜,相比刚刚戏剧感太强的仪式,这个喜宴场面是大家都见惯的,每个人都放松下来,大声说笑,陈旖旎拿起一块巧克力糖问:"你找到了吗?"吴思齐收回寻找的目光:"找什么?"陈旖旎笑:"她的脚好看吗?脚指头缝都特别甜吧?"大厅中没有那个黑衣女子的身影,吴医生心中却留着那一双闪亮的脚,他不说话,低头,想再次确认那双脚的样子:"好看。"

  陈旖旎问:"你说她是谁?"

  "不知道啊,怪怪的。"

  陈旖旎看了看红酒的酒标,赞叹了一句,"好酒啊。"

  吴思齐问:"你说她是谁?"

  "她应该是新郎的前女友。"

  吴思齐双手撑在桌上:"前女友受邀来参加婚礼?"

  "她就是来了,肯定没有邀请,但她就是来了。"

  "你怎么判断的?有什么证据吗?"

  陈旖旎笑:"没有证据,就是直觉。"

吴医生相信陈旖旎的直觉,他打量四周,宾客们都在落座,吴医生站起来向远处张望,陈旖旎拉了拉他的衣襟:"坐下吧,别找了,我觉得你还会见到她。"

吴思齐坐下:"这也是直觉吗?"

陈旖旎示意侍者给她斟上红酒:"我的直觉一向很准。你很快就会见到她的。"

14

刘棣的睡眠越来越差。他在早上五点醒来,他在早上四点醒来,他在凌晨三点半醒来,他睡得昏昏沉沉,一旦醒来,就再难入睡。他会悄悄走到厨房,打开窗户,抽一支烟,再抽一支烟,看着外面还未熄灭的灯火,想象那一家会发生什么事。夜风吹来,赶走睡意,他胸口发闷,喉咙发紧,心跳加快,喘不上气来。手开始颤抖,轻微地颤抖,他盯着双手看,想让手停下来,他蹲下身,把头埋下,紧紧缩成一团,这样感觉舒服一些。但一站起来,那种心慌意乱、微微发颤的状态就又回来了。他只能再蹲下。后来他趴在地上,胳膊紧贴身体,两腿微微分开,冰凉的地砖让头部的温度降低,他觉得放松一些。有时他就这样趴半个小时,趴一个小时,好像睡着了，天色转亮的那一会儿最让他难受，几乎没什么防备，天就会亮起来，偶尔会出现一抹霞光，还未曾被人好好打量就很快消失，刘棣天亮之时会发出痛苦的呻吟，从丹田处发力，长长地叹气，又不敢发出太大的声音，刘棣想，我这是怎么了？这是恐慌症还是焦虑症？

唐娟的房门总是紧闭，门缝中有一道微弱的光，她总是开着一盏灯，亮度调低，她醒着吗？她睡了吗？她睡得怎么样？刘棣不太关心，他宁愿那个房间里没有人。那是个关闭着灾祸的房间，如果不是她病了，我本可以继续无忧无虑地生活，听音乐，约会，虽然可以约会的对象越来越少，但我还会继续找，像一头能找到松露的猪，像一条狗能找到腐烂的味道，我需要更多的肌肤之亲，如果我始终找不到，那活着也没什么意思了。他被这个念头吓了一跳，难道我想死吗？托尼婚礼那天，吴医生说什么来着？心理疾病会传染？我们会从症状池里找出一个名字安在自己头上？所以，我是惊恐发作，是恐慌症。如果我去医院寻求帮助，我会描述自己的症状，然后问医生，我是恐慌症呢还是焦虑症呢？我们必须用一种病症来表达内心及身体上的痛苦？实际上，我没病，只要离开这个房子，不用再对发生在这里的事情负责，我就会好起来。只要我去一趟云南去一趟新疆，我的症状就会消失。

也许我应该找吴医生再谈一次，那意味着再花一千块钱，吴医生的咨询费真不便宜，一个疗程要去十次，那就是一万块。我可不像托尼那样有钱，能在吴医生那儿花那么多钱。但我可以自己诊断，是的，我嫉妒托尼，倒不是嫉妒他的钱，而是他又能展开一段新生活，和一个年轻的有教养的姑娘，他可以想干什么就干什么，而世界在我面前展现的可能性越来越少，我不会再有一个新女友了，也找不到一个姑娘来安慰我，我只能困在这个房子里，窗户上安着铁栅栏，我就待在监狱里，我就要守在这里，跟一个抑郁的女人。不要想着她会很快好转，这种状态可能会持续一年两年或者两年三年，可能会一直这样。我不用找吴医生谈，我知道我的恐慌就是这样来的，好了，让我深呼吸，深呼吸能摆脱这个局面吗？深呼吸能让我好受一点儿，也许去新疆玩一趟我会更舒服一点儿，上次在MAO那个新疆乐队演出，他们说，嘿，刘栋，到新疆来玩啊，带你去吃羊肉。我应该去找他们，租一辆车，看看戈壁上的胡杨林，喝啤酒，去巴音布鲁克，去喀什，我的症状就会完全消失，呼吸会顺畅，心跳会平稳，如果心跳快了，那一定是因为我见到了美女，我的手不会再颤抖了，一切都会好起来，我的症状会消失，只是唐娟不会消失，她还会留在这儿，暂时把她留在这儿吧，我要先逃出去。

刘棵被这个想法激励着才能应付白天。他会给唐娟做饭，把饭端到床边，但唐娟很少吃，等他再进去的时候，饭菜可能只搅动了一下。他问唐娟，要不要洗澡，要不要放上热水。当初唐娟坚持在卫生间里装一个小小的浴缸，喜欢躺在里面泡上一个小时。他放好热水，过十分钟，过一小时，浴缸里的水凉了，唐娟还是没去洗澡。刘棵知道，抑郁症患者缺乏动力，什么事情都不想做，可他也不想做任何事情。他不知道怎么和唐娟说话，不管他说什么，唐娟都没什么反应。他总想说一句，"我们分开吧。"他好奇，如果说出这句话，唐娟会是什么反应。但他又不敢，他变得越来越沉默。每隔两三天，倪乐乐会来一次，带点儿吃的，到唐娟屋里待一会儿，然后坐在客厅里玩手机，她对刘棵说："你去上班吧。"

"我不用去上班，我的节目停掉了。"

"那你出去转转吧，透透气。"

刘棵就出去。他去过一次电台，在办公室里坐了两个小时，收拾桌面和抽屉，把没用的东西扔掉，继而觉得，在办公室里，他就是一个多余的人，应该把自己扔掉。他还去看了一次电影，在黑暗中坐定，困意袭来，直到打扫卫生的阿姨把他叫醒。白天还容易打发，难受的是夜晚，天黑下来，他就感到绝望，耳机中轻轻传来的音乐，夜空中偶尔闪过的一道光，轻风，遥远的人声喧哗，都在告诉他，这就是孤独，上帝给你搞了一个恶作剧，你可能不太喜欢，你将用整个夜晚咀嚼这种孤独无助的滋味，然后在天亮之前感到巨大的恐慌。他开始喝酒，家里存着几瓶威士忌，他倒小半杯，然后倒大半杯，看到半空的酒瓶，就想，要不我把这瓶酒喝完吧。他出现了幻听，有一个童稚的女声悠悠地唱着，"垒起七星灶，铜壶煮三江。摆开八仙桌，招待十六方。"这是《沙家浜》中的"智斗"那一场，哈哈，唐娟小时候学过京剧，难道我听到的是她年少的声音？那个女童带着一点儿戏谑劲头唱着，"这草包倒是一堵挡风的墙。"她接着唱，"来的都是客，全凭嘴一张。"刘棣心里跟着她一起唱，"相逢开口笑，过后不思量。人一走，茶就凉。"

　　那天夜里，他喝了点儿酒，躺下来，聚拢自己蒙眬的睡意，然后他听到金属撞击的声音，咣咣咣，他站起来，打开自己的房门，咣咣，声音是从唐娟屋里传出来的，他推开对面的门，看见唐娟用一把锤子敲打着窗外的护栏，咣咣，她的力气不大，好像并不是要砸开护栏，咣咣，她就是在敲打，像是在检查金属中的空隙，刘棣呆呆地站了一分钟，他盼着那个护栏忽然间粉碎，能有一股气流将整个窗户冲击到百米开外，唐娟跟着碎玻璃一起飞出去，这样一了百了。这念头非常强烈,他不应该有这样的念头,但他也不会否认,这个念头不止一次出现在他脑子里。咣咣,刘棣上前,抱住唐娟,拿走她手中的锤子,唐娟缓缓地往下滑,坐到地上,双手抱头。刘棣看着手中的锤子,不知道这东西原来放在哪个地方,他也用力敲击外面的护栏,发出咣咣的声响。

刘棣给倪乐乐发消息,描述唐娟异常的行为。倪乐乐回话:"她可能是躁郁,双向的,有时狂躁,有时抑郁。"刘棣问:"你今天晚上能来吗?"倪乐乐半天没有回音。刘棣想起来,唐娟曾经拉着她看过一个美剧叫《国土安全》,那里面的女主角就是躁郁症,要吃锂盐控制病情,他非常不喜欢那个疯疯癫癫的女主角,但唐娟喜欢那个女主角,说那是美剧近十年最好的人物设定。也许眼前的唐娟,脑子里正有什么东西在飞速旋转,她要写出一部更好的戏,她追逐着自己的想法,每一秒都有几十个念头跳出来,这样她就会疯掉。刘棣再给倪乐乐发微信:"麻烦你马上过来吧。"他的手颤抖着,在手机屏幕上来回敲打着,"我觉得我要崩溃了。"

倪乐乐夜里一点敲门,刘棣正躺在厨房的地上,听到敲门声,刘棣站起来,深呼吸,开门,倪乐乐带着一股酒气进门:"给我弄点儿茶喝。"她进到唐娟的房间,关上门。刘棣抽了一支烟,热水壶发出嘶嘶的声音,他找出一盒立顿红茶,把茶包放到茶杯中，倒水，茶包在热水中裂开，细碎的茶叶末子漂浮在茶杯中，刘棣把茶水倒掉，重新放一袋。倪乐乐出来："她睡了。"两个人站在厨房里，倪乐乐伸手："给我也来一支烟。"刘棣掏出烟，给她点上。倪乐乐端起茶杯："太烫了，还是给我来一瓶矿泉水吧。"刘棣从冰箱里拿出一瓶水，倪乐乐拧开瓶盖，大口喝水："你怎么了？"

"我可能得焦虑症了，也许是恐慌症，或者是叫惊恐发作，每天都喘不上气来，心跳快，老想要上厕所，手颤。"刘棣伸出右手，很稳定地摆在倪乐乐眼前，"我估计血压也不正常，天天睡不好觉，我想去医院看看。再这样下去我就崩溃了。"

倪乐乐吐出一口烟："你怎么那么容易就崩溃啊？这才哪儿到哪儿啊？"

刘棣把手放下："你能不能来照顾她几天？让我缓一下。"

"我看她安安静静挺好的，不就是拿锤子砸一下栏杆吗？我天天都想拿锤子砸点儿什么，你不想砸点儿什么吗？我觉得砸点儿什么挺好，老忍着不是事儿。"

刘棣闻到了倪乐乐的酒气："你喝多了。"

"我没喝多，我清醒着呢。"倪乐乐把一瓶水喝光，"我看你也喝了点儿啊。"

刘棣心中有股怨气，唐娟病了，但唐娟最好的朋友夜里还是会出去喝酒，没有人会牵挂另一个人的不幸，放弃自己寻欢作乐的机会，哪怕是最好的朋友，哪怕是夫妻，一个人病倒在床，不妨碍另一个人出去喝酒。他平静地说："她刚开始抑郁的时候，没人注意，没人当回事。现在我也病了，恐慌症发作，你也不当回事，可我真是病了。"

倪乐乐把烟头扔在地上，踩灭，盯着刘棣："我觉得你特别没出息，你恐慌什么？你病了，我承认，可你病得也太快了点儿吧。你才照顾她一个月，然后你就病了，失眠，呼吸不畅，心跳过快，还有什么？你有点儿矫揉造作吧？你每天都要可怜自己？你可怜过别人吗？你真的安慰过别人吗？我喝多了，有些话我憋了很久了，索性今天说出来，你对她好吗？她心里有什么不痛快，你就没有一点儿责任吗？她整天在家工作，你整天外面泡妞，你当她傻吗？你当我们都傻吗？我不愿意说你的那点儿肮脏事，可你不觉得内疚吗？"

刘棣支吾着想辩解，但慑于倪乐乐的气势，什么也没说出来。

倪乐乐端起茶："我不会跟你说什么责任感，你根本就理解不了这三个字。你给她做过饭吗？你陪着她说过什么话？你从心里盼着她好起来吗？"

刘棣怕倪乐乐把茶杯扔过来："我当然盼着她好起来。"

倪乐乐盯着刘棣："不是，你就是想让麻烦早点儿结束。只要遇到什么麻烦，你就想立刻跑得远远的。你就担不起什么责任，也解决不了问题，可活着就是一个麻烦接着另一个麻烦，你不懂得这个道理，你说你老大不小的，整天戴着个耳机，躲在自己的世界里，你那个世界有什么啊？谁没听过几首歌？谁没看过几本书啊？你老觉得自己跟个孩子似的，没担当没有责任感，遇到麻烦就跑，不以为耻反以为荣，多没劲啊。"

刘棣有些羞愧，又很是恼怒，冷冷地说："你把我看得还挺透彻。"

倪乐乐冷笑："你有什么复杂的吗？说实话你有什么复杂的吗？你想离开娟儿吗？你不敢承认？觉得这样做太不地道？说实在的，你要是当一个彻头彻尾的浑蛋，你还不太好意思。"

"我真的是病了。"刘棣低声说。

"那你走吧，抛弃她，不要回来。你说清楚，她遇到这么个坎儿，你受不了了，想散，那就散了吧。我来照顾她。"倪乐乐嗓门提高。

刘棣没想到倪乐乐把话说到这个地步，他低着头："我想出门转转，去一趟新疆。"

倪乐乐冷笑一声。

屋门吱呀一声，唐娟站到了外面，她穿着一套运动衣，过于肥大的衣服让她显得更加瘦小，在灯光的照射下，一脸茫然，倪乐乐走过去，双手放到唐娟肩上："你到我那儿住几天怎么样？"唐娟没有应声，倪乐乐说："我给你收拾两件衣服，咱们走。"

刘棣看着唐娟，问："你喝水吗？"

倪乐乐在屋里喊："嘿，药在哪儿呢？好，我看见了。"

刘棣站到唐娟面前："我也病了。"

唐娟低下头。

两人愣愣地站着。

倪乐乐拎着一个旅行包走出来，揽住唐娟的肩膀，转过身，背对着刘棣："你别说话，也别出声。"她打开门，推着唐娟往外走，刘棣留在原地，没发出一点儿声音，门啪的一声关上了。

15

吴思齐在楼下的咖啡厅里再次见到了杨小诗，一进门就看到了她，她坐最里面的一张桌子，短发，还戴着墨镜，墨镜款式和婚礼上见到的不一样，上一次是很大的镜片，几乎遮住半张脸，这一次是圆圆的镜片，只挡住眼窝。她穿着一件白衬衫，黑色牛仔裤，膝盖上面有一道裂缝，脚上是一双白色的帆布鞋。吴思齐在柜台前直接点餐，每次他都要一份简餐要一杯咖啡，干脆利落，这一次他拿着一页薄薄的菜单，半天没说话，服务员说："吴医生，要不要试试我们的冰萃，天热了。"吴思齐说："好，再来一份鸡肉卷。"他放下菜单，用手机付账。杨小诗站起来，摘下墨镜："吴医生，坐这里来吧。"吴思齐走过去，那是一张明艳照人的脸，脑门儿有点儿大，大概是短发的缘故，鼻子高高的，左右脸对称，她身高有一米七，四肢修长，站起来之后那张咖啡桌都显得矮小，吴思齐微笑，却发觉自己笑得有点儿僵硬，也不知道该说些什么。两人落座，那姑娘自我介绍："我叫杨小诗，上次我们在托尼的婚礼上见过。"吴思齐点头："你好。"杨小诗继续说："我本来想到楼上找您，可我还没有预约，没想到在这儿碰到您。"

桌子上摆着一杯咖啡，喝了一半，杯子外沿上干干净净，没有口红印儿也没有咖啡的痕迹，白色小托盘上放着四五包太古黄糖，都沿着边缘整齐地撕开，盘子上洒着一些细碎的黄糖颗粒，太多了，吴思齐想，她为什么要放这么多糖呢？吴思齐的眼睛从糖包上挪开，终于敢直视杨小诗的眼睛，她大概三十出头，举手投足之间温文尔雅，却藏不住一股咄咄逼人的气势。吴思齐很少对陌生人妄加猜测，但他打量一下杨小诗，就觉得她很可能是个律师。

杨小诗双臂交叉，放在桌子边缘："我在网上看过您的一些文章，还找到了一个视频，是讲酗酒的，吴医生的口才真好，那个演讲真棒。可您真是太低调了，好像只讲过么一次。"

"你喝酒吗？有酗酒的问题吗？"

"有一阵很喜欢喝酒，现在不喝了，滴酒不沾。"

吴思齐点头。

"吴医生做这一行有十多年了吧？我一直特别好奇，那些来找您咨询的人，该怎么称呼他们呢？是叫病人呢还是叫客户呢？"

"我们很少称他们是病人，当然也不叫客户，我喜欢用'来访者'这个词，比较中性一点儿吧。"

"那我现在就是一个来访者了，我还没有付费，如果我付费了，其实就算是客户了。"

"你是个律师吧？"吴思齐问。

杨小诗眉毛一扬，很好奇吴医生是怎么知道的。

"我猜的。"

"我是做公司法的。"

"律师是不是也按小时收费啊？跟律师谈话也收钱吗？"吴思齐笑。

"我原来按每六分钟为一个单位来算工作时间。"

"那我们互相抹掉吧。我都是谈五十分钟才敢收钱的。"

"我也接触过一些学心理的，我原来的同学里就有人专门研究犯罪心理，我老忍不住问，你们学心理学的人，是不是能猜到别人心里怎么想的？我知道这个问题很幼稚。可我还是挺好奇，其实这是我们第一次见面，上次不算，你觉得我为什么来找你？"杨小诗把"您"换成了"你"。

"我不知道你为什么来，你可能不太好意思说出口，所以你换了一个方式来问我。其实来找我的人，大多数问题都是不太好意思说出口的。你不妨直说。"

"吴医生太会说话了。"

服务员送来冰萃咖啡，玻璃器皿摆在两人面前。杨小诗指了一下盘子里的糖包，服务员就又拿来两袋太古黄糖，吴思齐想，太多糖了。

杨小诗拿着一包糖，在桌子上轻轻敲："我诚实一点儿。您的来访者中，有一位客户，中文名字周同尘，英文名叫托尼。他应该是三年前开始找您做心理咨询的，三年前我是他的女朋友，我们是那时候分开的，我很好奇，他找你聊什么。我非常好奇这件事，我知道你们会为客户保密，这是他们的隐私，也是你们的职业道德，但我的好奇心实在太强了，我愿意为我的好奇心埋单。"她把糖包放下，双臂放到桌子下面，身体往后仰，给出空间让吴思齐考虑"埋单"这个词的意思。

吴思齐说："好奇心谁都有，我也好奇。你既然早就和他分开了，为什么还要去参加婚礼呢？有什么好看的呢？"

"我只是去看看，我又不会在那儿撒泼。"

吴思齐双手摊开："结婚有什么好看的？那仪式太压抑了，我觉得像是两百年前的婚礼，那些词，听着都是两千年前的东西了，要是你做新娘，看见婚礼流程，我估计你就逃跑了。"

服务员送来鸡肉卷，鸡肉卷斜切了一刀，分成两份，吴思齐说："你要点什么吃的吗？还是你来一半我来一半？"

杨小诗说："那我就不客气了。"

两个人分享一份鸡肉卷，咖啡馆里都是附近写字楼中来吃午饭的白领，七嘴八舌地闲聊，咖啡机不时轰鸣，杨小诗说："我听说，心理咨询师的办公室，都会有一个密室，有一道隐秘的后门，万一病人发脾气，控制不住自己，要揍医生，你们就可以逃出去，是这样的吗？你的诊所里有后门吗？"

吴思齐听出来，杨小诗想上去看看，但他更喜欢坐在这里和她说话，坐在这间咖啡馆里，周围的男男女女，穿着围裙的侍者，让他感觉更安全一些。吴医生说："我那里就跟一个办公室差不多。我还没遇到过发狂的病人呢。"

"你看，你还是把他们说成是病人。这算是口误吗？真的没有人闹吗？你治不好我的病，我心里特别痛苦，特别堵得慌，你解决不了我的问题，是个庸医，我就拿刀砍了你。"杨小诗眉飞色舞，用手比画着，鸡肉卷快吃完了，一块鸡肉掉在桌子上。

"能花钱看心理医生的人，不会做这样不理智的事。如果他有潜在的攻击性，我应该能看出来。好的医生要化解他的攻击性。"吴医生说完，发觉自己像是在吹嘘。

杨小诗把最后一块鸡肉卷吃下去，从包里拿出一张消毒纸巾，擦手，又要了一杯冰水，她没有碰那杯喝了一半又加了太多糖的咖啡："我听说吴医生原来是学医的，为什么不去做医生，而是要转去学心理呢？"

"医生太累了吧，太辛苦了。而且大医院现在都是赚钱机器，看一个病人就给医院挣一份钱，我还是给自己打工比较划算。"

杨小诗撕开一袋黄糖，倒进杯子里，轻轻搅拌："我也觉得医生太辛苦了，医院简直是，人间炼狱。我刚毕业那两年，进了一家律所，天天加班，不好好吃饭，结果得了十二指肠溃疡，疼得厉害，我就去中日友好医院看病，那天我是八点多到的，挂号，挂的是四十六号，我记得，肠胃门诊。我就到诊室外面等着，有座位，可我足足等了两个多小时，医生好像才看到二十几号，我也不知道诊室里有几个医生，每个病人要用多长时间，就觉得眼花缭乱，像是要晕倒，估计到下午四点我也看不上病，医生中午还要吃饭休息。我就出来，打车去和睦家，到了之后，人家前台就问我，你是会员吗？你预约了吗？我说不是啊，没有啊，不知道啊，我胃疼，能看吗？人家就让我填表，交会费，好像是一千多，不到两千的会费。我填表，交钱，然后去看病。直接到诊室里等着，然后来了一个医生，干净，体面，可能是台湾人，说话特别温柔，看门口写着医生的从业经历，好像是芝加哥大学医学院毕业的，进来就问我哪里不舒服，平常都是怎么吃饭的，以前是不是有过胃病啊，问了好多，让你觉得他对你特别好，特别关心你，把我不舒服当成一件事认真对待，把我当个人似的，嘱咐我要好好吃饭，要有规律地作息。我真听他的话，后来就好好吃饭，每天早上都给自己做饭吃，吃完早饭再上班。他说，不是什么大事，吃点儿药就好，我记得他给我开的药就是奥美拉唑这一种，好像是二十多块钱。他还问我，你是自己去药房买，还是在我们医院拿药。他的诊费是六百还是八百，我忘了，反正药很便宜，诊费不便宜，吃了两天药我就好了，然后我就想，我自己去药房买药，不也能治好我的病吗？医生也没给我做什么特别的检查，但我花了两千多块钱，我是说，加上会员费和诊费，一共两千多。那个会员费是一年的，我就去过那么一次，再也没去过。我觉得他的诊费就是他说话的费用，他特别耐心地问问题，听我描述症状，关心你哪里不舒服，关心你吃得怎么样，我觉得自己被认真对待了。不像公立医院，那么多病人，三五分钟就给你打发走了。经过这事，我就明白了，医生原来都是靠说话挣钱啊。"

"也不能光说话吧，医生得知道十二指肠在哪儿。"

杨小诗把手按在肚子上："就在这儿，十二根手指并列的长度，胃下面，小肠中最宽的那部分，就跟下水管似的，这块儿是粗的，往下的就是细的了，胃液、胆汁都在这儿，所以跟消化密切相关。"

吴思齐盯着她按在胃部的右手，她的食指和中指抵住了她的胸。

杨小诗说："我后来买了好几本医学书，自学。"

吴思齐一愣："我听说过自学中医的，没见过自学西医的。你学的是西医吧？"

"是啊，我先看的是《临床诊断学》，挺好看的，还有图片，什么叫蜘蛛痣肝掌，什么叫肘膝位，怎么做肛肠检查，都有图片的，可惜图太少了。还有什么叫发绀，还有乳房皮肤局部回缩，都挺有意思的。"杨小诗笑吟吟地说。

"我小时候家里有一本《农村医疗手册》，是培养赤脚医生用的书，我也特别爱看，那时候印刷质量不好，图片模模糊糊的，有些地方看着还挺吓人。"吴思齐暗暗惊叹杨小诗谈话的能力，刚见面时吴医生还有一丝尴尬，甚至对她还抱有一点点敌意，但杨小诗讲述自己的就医经历，引起你的共情，构建了一个舒服的谈话氛围，她说《临床诊断学》，你就跟着说《农村医疗手册》，她那咄咄逼人的气势不见了，她的要求也暂时隐藏起来，让你愿意和她说下去。

"我后来看了《西氏内科学》《疼痛医学概论》，还看了《法医病理学》《法医毒理学》，都挺有意思的。"

"那你来见我之前，没看几本心理学吗？"吴思齐问。

"我看了《心理动力学疗法》，看着好像是一堆废话似的。"

吴思齐点头："的确没什么用。"

"不用看书我也知道，我是自恋型人格障碍，总是贬低别人，从小就觉得自己了不起，走到哪儿都是最聪明的那一个，受不得委屈，但这好像也不是病吧。吴医生能看看我有什么毛病吧？我是偏执狂吗？"

吴思齐摇头："没有十全十美的人，我觉得你挺好。"他停顿了一下，接着说，"如果你看过那些心理学诊疗手册，你就知道我们这一行有很多的职业规范，比如说，不能看见病人就兴奋，假设来访者是一个漂亮女士，像你这样的，我看见你就兴奋，这个词很怪，但很准确，兴奋，那是不可以的。还有就是，如果不在咨询时间，不要老想着病人，来了个漂亮女士，她来了，我很兴奋，她不来，我就老想着她，这也是不可以的。其实我根本就不应该去参加托尼的婚礼，医生和来访者不应该有私人交往，这也是规矩。我再跟你谈下去，恐怕也没法给托尼做咨询了。对不起，杨小姐。"

杨小诗看着吴思齐，没说话。

吴思齐站起身："我吃完午饭，总喜欢去捏捏脚，很庸俗的一个爱好，可以躺会儿，睡会儿。"他准备和杨小诗告辞，但又想着能有下次再见的机会。

杨小诗站起来："我也喜欢足底，我看见楼上的招牌了。走吧。"

吴思齐愣了一下，转身就走。两个人回到大堂，走楼梯上到二层。东方大班的接待员看见吴医生带着一位漂亮的女宾客前来，也没多说话，把他们安排进了一个大房间，屋里摆着五张大沙发，两张按摩床，服务员送来两套睡衣睡裤，问吴思齐要喝什么，吴思齐说，要两杯黄瓜汁。他拿起一套睡衣裤："我去卫生间换一下衣服，他们的衣服挺干净的，都消毒了。"他心跳加快，要看到杨小诗那双漂亮的脚了，要看到那双脚了。他在卫生间里撒了泡尿，洗手，换好衣服回来。看见换上睡衣睡裤的杨小诗，面色如常，自在地躺在中间的大沙发上，左腿搭在右腿上，两只脚叠在一起，脚底和脚背都洁净光滑。两位女师傅拿着大木盆进来，给他们按摩肩膀，捶背洗脚。

吴思齐问："小诗你是什么地方的人？"话一出口又有点儿不安，这是他在按摩房或者 KTV 包间里经常问服务人员的一句话。

杨小诗浑然不觉："我是青岛人。"

吴思齐连忙说："好地方，我去过，那里的大白菜可好吃了，我吃过那么多大白菜，到青岛，才知道大白菜原来真是甜的。大虾熬白菜，还有辣炒蛤蜊，太好吃了。"

"还有螃蟹西红柿汤、肉末海参，我小时候最喜欢吃的是家里的炖菜，海鲜白菜豆腐粉条，扔在锅里炖，太好吃了。"

"你在青岛上完中学？然后到北京上大学？"

"是，我在青岛二中上学，然后到北京读政法大学。吴医生是哪里人？"

"山西人，喜欢吃醋。"

"哈哈，我去过山西，乔家大院。还去参观过一个醋博物馆，门口放着五十六个醋坛子，说是代表五十六个民族。"

两人聊起山东馒头和山西刀削面，聊起鲅鱼馅儿的饺子和疙瘩汤。服务员送来两杯黄瓜汁，还有两个热枕头，帮他们放低沙发靠背，吴思齐看着按摩技师把杨小诗的左脚裹上一条毛巾，开始揉搓她的右脚，看着杨小诗睡裤下面露出来的小腿，他闭上眼睛，躺下："我是今天才知道你的名字的，托尼从来没有说过你，他最初来找我，是因为身体上的原因，他的左腿骨折过一次，他想跑步恢复，但总觉得左腿会再次骨折，他总觉得腿疼，这其实是心理问题，就是受过外伤，做过手术，心里老害怕，其实骨折之后慢慢走路，完全康复之后慢跑，一点儿问题没有。现在他都可以跑马拉松了。"他叹了口气，一小时前他还发誓绝不吐露托尼的隐私，因为杨小诗散发出来的那种傲气，她想知道的事情就一定会知道，她想得到的东西就一定会得到，予取予求，别人都会满足她，讨她欢心。他不喜欢这样的女人，不喜欢被控制，然而，进了按摩室之后，吴思齐却说出了托尼的隐私，他再次发誓，我只说一点儿，只说很少的一点儿，告诉她，托尼的谈话绝少涉及男女关系问题，托尼害怕结婚，害怕生孩子，害怕当父亲，好多男人都害怕这些事。

杨小诗没吱声儿，屋里放着极轻柔的音乐，按摩技师问："力度合适吗？"

吴思齐说："合适。"

然后，他听到杨小诗说："他那条腿是我打断的。"

16

吴思齐和杨小诗在按摩店门口告别，下午三点，他要接待另一个来访者。那是位绝望的主妇，第一次见面时就问吴医生，你结婚了吗？你要是没结婚，可理解不了我的处境。继而又说，你就是结婚了，也理解不了一个女人的处境。然后她开始向吴医生抱怨自己的丈夫和孩子。后来这位主妇说过自己的许多苦恼，包括体重、皱纹、玻尿酸、丈夫的外遇、她对旧恋人的思念。吴医生和陈旖旎总以"绝望的主妇"来指代这位妆容精致、衣着得体的女性，陈旖旎说，她的问题可能就是缺乏性生活导致的，她找你来咨询，是把你当恋人看待的。吴医生说，我还是跟她慢慢聊吧，这是一个稳定的好客户。每一次见她，吴医生都表现出十足的耐心。但这个下午他总有点儿走神儿，五十分钟之后，吴医生将绝望的主妇送走，在笔记本上草草写了几笔。然后给陈旖旎打电话："嘿，你说得对，婚礼上我们碰见的那个穿黑衣服的女人，她来找我了，她叫杨小诗，托尼的前女友。你在听吗？"

陈旖旎在电话那边说："我在接孩子，我稍晚给你打过去啊。"

太阳从西边的窗户照进来，正是屋子里最明亮的时候，街道上的车流多起来，有一场足球赛将在工体举行，卖围巾、卖球衣的商贩已经摆好了摊儿，有几个球迷，在路边吹喇叭，吴思齐听不到喇叭的声音，却又觉得刺耳，大约在西北方向十公里以外，陈旖旎正在学校门口接她的儿子，边上可能是一群家长，都盯着自己的孩子何时出现，他们会带着孩子回家，预备晚饭，他们无暇顾及十公里之外的事情，也无暇顾及一公里以外的事情。吴思齐站在窗边，看着街上的行人，那几个穿着绿球衣的，脚步略有些凌乱，他们可能刚喝了点儿啤酒；那个下班的姑娘，大概正走向地铁站，人行横道的红灯时间太长，她有点儿不耐烦，身体前倾，催促着来往的车辆。街上那么多人，每个人看起来都很正常，谁关心他们脑子里在想什么。街角这个男人，他上班的时候受委屈了吗？他身边走过去的一个女人，右手拿着电话贴在耳朵边上，左手在空中挥舞，她是不是觉得有点儿压抑？

这时候杨小诗在哪儿呢？她是一个古怪的来访者吗？她是来咨询的吗？可她没有一点儿要付钱的意思。她身上有一股讨厌的傲气，似乎来和他说话，占用他的时间，是给他的一种恩赐。吴医生的确不想和她谈钱，从执业那天起，吴医生就觉得，咨询工作中最难的那部分是告诉来访者怎么付费，后来他谈钱的时候越来越放松，什么情况下该轻描淡写，什么时候又假装面色凝重，他都驾轻就熟，可在内心深处，谈钱还是会让他紧张。杨小诗没有付钱的意愿，这让吴思齐难以界定二人的关系。他苦笑着承认，算了吧，你不想把她当成一个客户或者一个病人，你想跟她在大街上溜达，在热闹喧哗的街上走一走，也许一起去看场球，也许去看一场电影，然后吃顿饭。哪怕你们看起来不太般配，你也想跟杨小诗走在一起。也许这时候杨小诗还在楼下的咖啡馆里？吴思齐草草收拾了一下，下楼。

那个高高的四肢修长的女人在哪儿，那双穿40号鞋的大脚走到哪儿了？她脑子里在想什么？那么多姑娘都穿上了短裤，吴医生的目光像风一样掠过街上一条条白晃晃的大腿，没有一条腿是可以触碰的，他感到有一个小恶魔在他身体里翻腾着，小恶魔说，去你妈的理性，你想分析什么呢？你喜欢她的脚，你想看到她的身体。这是生命勃发的初夏时节，吴医生偷眼观看那些年轻姑娘健康的身体，还有她们生命洋溢的脸，她们能排斥所有的细菌和病毒，她们对一切负面的东西都有抗体，她们的天职就是追逐欢愉，上天就是这样安排的，那些长腿的漂亮姑娘，那些个子高高的帅小伙儿，都坚信自己比他人更有资格活在世上，他们走路的姿态，他们笑容中不经意间流露出的一种轻蔑，都是对腐朽生命的打击，正是他们向那些年老的、残障的、患病的身体说，滚开，腾出点儿地方来。杨小诗本就属于这一类人，她应该自信地走在街上，对一个中年的瘦弱的医生视而不见，那个医生本应该和病痛、血泪、屎尿和鼻涕相处，本应该去处理那些不宜走在街上、理应被囚禁在医院里的身体，应该像一个施虐者那样从中获得乐趣，然而这个笨拙的医生选择去处理人们的坏情绪和糟糕的心理疾病，他没有什么技术可言，他不过是掌握了一套话术，有耐心听各种无聊的仿佛因人而异其实又千篇一律的絮叨，然后假装能理解，然后从他积累的那一点点可怜的经验中抽取很少的一点点，包装一下，用沉稳的语气说出来。他有什么经验呢？他见过几次死人的场景，每次都感到强烈的不适，他求欢的对象是个位数，随年龄的增长求欢的机会越来越少，他读书，然后按照书本上的描述去想象现实世界，他调用自己那一点可怜的知识给素昧平生的人提供人生问题的建议,他假装权威,可那些年轻健康的身体具有不言自明的权威。这个可悲的医生在黑乎乎的按摩室里把脚泡在大木盆里享受他那一点乐趣,这个可悲的医生每隔两周和一个固定伴侣做爱,这个可悲的医生梦想舔杨小诗的脚。

不断有人站到吴医生面前,问"有球票吗",他低着头,穿过人群,拐两个弯儿,到北平机器啤酒馆坐下,酒馆里空荡荡,门口摆着几个硕大的不锈钢酿造桶,落地窗前有一个姑娘霸占着一张长桌,吴医生到角落里坐下,点了杯啤酒,拿出 Kindle 继续看书。也许陈旖旎正在陪孩子写作业吧,她肯定是一个很有耐心的妈妈。过了一小时,喝下两杯啤酒,球场那边传来一阵欢呼声,侍者端上了第三杯酒,陈旖旎的电话打进来:"你在哪儿呢?"

"我在一家酒馆里。"

"那你说说呗。"

"我还真不知道如何说起,好像挺失败的。我给托尼做咨询大概有四十次,但他从来没有提到过他的前女友,提到过这个杨小诗,我不知道他是有意回避这个名字,还是在他心里,杨小诗就真的不算什么。现在好了,杨小诗来找我,我感觉被卷进一个八卦故事里,我觉得我不该再给托尼做咨询,这个关系有点儿微妙。"

"我倒是很喜欢听八卦故事，女人都喜欢八卦。"

窗外的天色暗淡下来，街灯亮了，落地窗下那个女孩等来了她的一个女伴。吴医生斟酌了一下说："她找我来，说要我帮助她完成报复计划，她还想知道，托尼跟我都说了什么。托尼来找我做咨询的时候，左腿骨折刚刚痊愈，他想要跑步锻炼，可总是担心他的腿。杨小诗今天说，他们三年前去崇礼滑雪，托尼摔断了左腿，在医院做了手术，手术的时候，她发现托尼出轨——不是出轨，叫劈腿——的证据，所以他们两个人就分手了。杨小诗开始的时候说，是她打断了托尼的腿，后来又说，是托尼自己摔伤的，我觉得这只是她逞口舌之快，她肯定想打断托尼的腿。她自视甚高，肯定不接受被托尼欺骗，她想报复，我可以理解。只是，这事情过去很长一段时间了，为什么她现在又想要报复？其实她也没什么报复计划。因为托尼结婚了？我很庸俗地看待这个问题，托尼肯定是处于上升状态，有钱，娶了一个更有钱的老婆，而杨小诗比较失落，她或许认为，她自己才应该是富有的，有更高的地位。这是我很庸俗的看法，因为杨小诗给我的感觉，太自以为是了。"

"庸俗的看法不一定是错的，庸俗的看法肯定有道理。"

电话里传来轻微的嘎吱嘎吱的声音。

"你在吃什么？"吴医生问。

"薯片。我一听八卦，就想吃点儿东西。"

"是啊，八卦。托尼出轨的对象叫王希言，希言，小诗，这两个名字像个对联。前些日子，我接待的那个刘棣，你还记得吧，不正常勃起的那一个？他跟我说过，他有过一个女朋友，就叫王希言。刘棣的情人和托尼的出轨对象，是同一个人，叫王希言。大概是刘棣带着王希言参加了托尼举办的一个派对，然后王希言和托尼勾搭上了，你听明白了吗？"

陈旖旎嚼着薯片："这才像是八卦呢。一男一女睡觉，这不算八卦，这是隐私。一男一女没睡好，闹出事儿来了，这才算是八卦呢。"

吴医生喝了一口啤酒："所以我不知道该怎么面对托尼，我知道了一些他没告诉过我的事。"

"你是不是很好奇？忍不住直接问他？"

"那倒不至于。"

"你对托尼可能不好奇，你对杨小诗肯定很好奇，她很漂亮。"

吴医生又喝了一口啤酒，没说话，他当然不否认他对杨小诗很好奇，只是他忽然意识到，他对那个王希言也很好奇，

167

那个王希言只存在于叙述中，他没见过这个姑娘，不知道她什么样子，所以提供了更广阔的想象空间，带有更强烈的欲望的味道。他见过杨小诗，杨小诗可以是一个欲望的对象，在他的幻想中确定无疑，她多高，她的脸长什么样，她的表情是什么样，她的脚是什么样子，这些都在吴思齐脑海中，一个活生生的客体，而那个王希言，无从感知，却激发想象，他对杨小诗的好奇很可能是被这个从未见过的王希言激发起来的。

"那个刘棣没再来找过你吗？我觉得他可能是一个关键。"

"他没来过，他好像跟他老婆出了什么问题。"

"我觉得，婚礼那天，刘棣肯定知道杨小诗会出现，可能就是他，把托尼结婚的事情告诉杨小诗的，也许他盼着婚礼上能闹出什么动静来呢。凭什么我的女朋友被你睡了，就因为你有钱，他肯定咽不下这口气。我这完全是聊八卦啊。"

球场上传来一片整齐的骂声，那积聚在一起的骂声低沉又清晰地在夜空中震荡，变成了一种背景音乐，所有的行动、交谈都被骂声衬托着。

吴医生喝光啤酒："我还是第一次碰上这种事，有点儿摸不着头脑。"

"周末见，周末我们再讨论。"

啤酒馆门口的长桌上坐了七八个人，吴医生挂断电话，叫侍者拿来菜单，准备在这里吃晚饭，他希望一会儿比赛散场之后，能有一大堆球迷拥进这间酒馆，希望自己能被喧闹和欢笑包围。点完菜，吴思齐斟酌了一下用词，给刘棣发了一条微信："这几天怎么样？上次见面，有些话没说完。你方便的时候，咱们再聊聊。不一定在诊所，随便找个咖啡馆。"消息发出之后两分钟，刘棣回："您在哪儿？"吴医生回："在一家酒馆里。"刘棣回："我这就去找您，方便吗？"吴医生想了想，把酒馆的位置发给刘棣。他平常做什么事都慢半拍，所谓谋定而后动，其实也未必需要谋划什么，只是不太习惯那种沉不住气的行为，出于职业习惯，他不相信第一反应，总要花点儿时间审视自己的第一反应。可现在他想尽快从刘棣那儿打听到点儿什么。

比赛结束，不断有散场的球迷进入酒馆，他们大呼小叫，吴医生想理清他的谈话思路，他该怎么询问刘棣呢？他提醒自己，我是一个局外人，刘棣、托尼、杨小诗还有王希言之间有什么样的纠葛，都和我无关。然而他又想知道关于杨小诗的一切，他无法向刘棣说明，这好奇心因何而来，这样的探听不符合职业规范。

半小时后，刘棣来了，坐下："吴医生喝了几个了？"

吴思齐回答："两三杯。"

"那我也先来三杯吧。"刘棣点了三种不同口味的啤酒，环顾四周，"哈，今天有球啊？几比几啊？"

"不知道。"吴医生说。

两人举杯，刘棣咕咚咚喝下一大口，放下酒杯，长出了一口气："好久没喝酒了。"

吴医生在诊所里能掌控谈话，换到酒馆，却不知道该怎么开口，他问："路上堵车吗？"

"还好。"刘棣喝光了第一杯。

两人似乎都有些尴尬，毕竟这是他们第三次见面，还没到把酒言欢的地步。

"你妻子怎么样？"

刘棣一挥手："她搬出去了，搬到她一个闺密那里去了。"

"这样也好，轮换照顾还可以喘口气。"

刘棣绷紧的神经好像要努力放松下来，他又喝掉了半杯："也许我们会分开吧。"

吴医生不知该如何接话儿，他看出来，刘棣似乎想摆脱掉一个包袱，哪怕暂时摆脱，他不想聊妻子的病情。那就直接问我关心的问题吧。他盯着刘棣："杨小诗今天来找过我，我在婚礼那天见过她，今天是我第二次见她。"

刘棣点头:"是我告诉她,说您是托尼的心理医生,没想到她这么快就来找您。也是我告诉她,托尼要结婚的,结果她非要去婚礼现场看看,我还以为她要在那儿大闹一场呢。不至于哈,她还是要面子的人。她都跟您说什么了?"

"她说了她跟托尼以前的事,说他们为什么分手,她好像还是不甘心。"

刘棣开始喝第三杯:"我也不甘心啊。她跟托尼本来就是神仙眷属啊!你看杨小诗好看吗?几年前,她更漂亮,脸上都有光,现在有点儿苍了。杨小诗又漂亮又能挣钱,托尼也能挣钱,那时候,怎么说呢?其实那时候我跟他们的交往也不多,他们都不为吃喝发愁,你看着他们吧,就觉得他们以后的事就是享受,美酒,美食,哪儿好玩去哪儿,没有多少人能达到那种状态,当然,他们也工作,工作也挺辛苦。但他们已经跟钱紧紧绑在一起了,干的都是钱生钱的事,你知道,钱是有色彩的,能给人镶一道金边,我看他们的时候,就觉得这两人金光闪闪,走在一条金光大道上。我没钱,可没钱的人看有钱的人,也不全是这样,好多人也是一身铜臭,这两人不一样,金光闪闪,相得益彰,你就觉得他们两个应该在一起,应该享受,老天爷就该赐福给他们。吴医生你有钱吗?"

吴思齐笑："我能解决温饱问题吧。"

刘棣笑："那你比我强，我快要解决不了温饱问题了，我得想办法了。其实，托尼跟我讲过好多次，要重视钱，要喜欢钱。可我听不懂，听不进去。那时候我真挺羡慕他们的，所以来往也不是特多。您明白我的意思吧？杨小诗当时在一个律师事务所，忘了叫什么了，反正是个挺有名的律所，她不少挣钱，可她想当合伙人。不到三十，想当合伙人，得拉来生意才行。所以她跟托尼在一起，想着能让托尼给她再介绍几个投资界的大佬，这样她就是 rainmaker，当上合伙人，收入能增加十倍，我觉得一年挣几十万已经不少了，人家野心勃勃，想的都是一年挣几百万几千万。我不愿意跟他们来往，就是钱差得太多了。不过，抛开钱的事，我觉得这两人还是挺般配的，挺让人羡慕的。现在，我倒不羡慕了。我就搞不懂托尼为什么要娶一个富家女呢？他那老婆我也见过，有一次他们那个画廊搞什么展览，我去过开幕酒会，也挺好一姑娘。但我觉得托尼好像特卑微，你看那婚礼，简直像小丑一样。怎么说呢？我觉得他跟杨小诗在一起，让你觉得，这世界有希望，是在给年轻人做榜样，看，发财致富，改变世界，都有可能。可你看那个婚礼，我操，太让人颓废了，让你觉得没希望。好像你心里的热情，火，全给你浇灭了。我觉得杨小诗应该看完婚礼就算了，放手，何必呢？过去就过去了。两人分手了，人家再找，再谈婚论嫁，你那么漂亮，要不你再找个有钱人。"

吴思齐看着刘棣，等他说下去。

刘棣喝光了三杯啤酒，叫服务员，给自己和吴医生各点了一杯。他的脸微微泛红，一条腿盘在椅子上，侧着身子："你比如这个酒馆，一杯酒几十块钱，我们不在乎，可这一杯酒可能就是一个穷人一天的饭钱，穷人看这酒馆就跟我们看的不一样。可我要是哪天喝一瓶好酒，一万多一瓶葡萄酒，我就念念不忘了，今儿喝了一瓶好酒。钱能改变人的敏感度，人要有钱了，就对花钱的地方不那么敏感了，才会变得坦然。越有钱越坦然。"

啤酒送上来，两人碰杯。

刘棣放下酒杯，目光有点儿飘忽："杨小诗换了发型，我都认不出来了。她原来是长头发，长发飘飘可好看了。她好看是好看，可我觉得她太霸道，老是顺我者昌逆我者亡那个劲儿，说话都得顺着她。咱不管她是托尼的女朋友啊，只说她这个人，看着让人没什么欲望。吴医生你觉得她好看吗？你别不好意思啊，吴医生？"

不知道是不是喝了酒的原因，吴医生的心跳一直很快，他深呼吸："当然，她很漂亮。"

"是啊，她现在短头发也挺漂亮，但显得更冷冰冰的了。我觉得吧，一个姑娘最好还是让人觉得热乎乎软绵绵的好。你抱着一个姑娘，软绵绵的热乎乎的，特别光滑，这是他妈的最大的安慰。没这点儿安慰，人活着就太没劲了。"

"你说话倒是很诚实。"

"吴医生，我见您第一面就没法儿不诚实啊，我老二都掏出来给您看了。现在的人都太他妈想当体面人了，都假装自己不缺钱，都特快乐，周游世界，谁都不承认自己有问题。有问题是不对的，你丫怎么能有问题呢？你丫怎么能抑郁呢？就算是来找您咨询的人，我看也没几个一上来就说实话的，都且跟您绕圈子呢。"

吴医生把酒杯举起来又放下："杨小诗跟我说，当初有一个人介入她跟托尼之间，叫王希言，这个名字我听你说过。"

刘棣的眼睛闪着亮，又有些呆滞，看着吴医生的头顶，愣愣地出神儿："吴医生你是学心理学的，你应该了解女人吧。是不是有一种女人，潜意识里就是想当一个骚货啊？这也没什么不对的啊，我承认，我还想上杨小诗呢。杨小诗、王希言，这俩名字就是个对联啊，我还想给她们搞一个对仗呢，可我没戏。托尼可以啊，他有杨小诗，再搞一把王希言，为啥啊？因为他能啊，他想搞就搞上了。我也没脾气。王希言又不是我老婆，她愿意跟谁就跟谁，我没法限制她。"刘棣喝口酒，看着吴医生的眼睛，"我说这些也不怕您笑话。我对王希言没什么意见，对托尼也没什么意见，杨小诗瞧不上王希言，她知道这事以后给我打电话，那意思是王希言是婊子，我是拉皮条的，这有点儿侮辱人了吧。杨小诗吧，就是自视甚高，总喜欢侮辱别人，没劲。"

不断有欢笑声从邻桌传来，吴医生想开口问什么，又停住，他看出来，刘棣喝多了，他自己会不断说下去的。

"王希言，我还真挺想她的。"刘棣放下酒杯，用手抓着裆部，"她好像消失了似的。我那次是带她去参加泳池派对，当时，托尼和杨小诗租了一个大别墅，杨小诗喜欢游泳，那别墅有一个大院子，还挖了一个户外游泳池，就北京这天气，户外游泳池一年也就能用四个月吧？那个游泳池有十几米长，四米宽还是五米宽，反正不小。我其实还挺怀念那个 party 的，好多漂亮姑娘，还有酒，还有水下照相机，拍了好多照片。可你说，这 party 能开多久呢？三个小时？四个小时？到点儿也就散了，你说那天到底发生了什么？托尼怎么就跟王希言勾搭上了？我是一点儿也没看出来。我不是说我老想这事儿啊，我是想那个氛围。我后来老回忆那个 party。吴医生你说，一个事情，是它发生的时间持续得长，还是后来它延续的时

175

间长呢?后来你不断想,还和别人聊,那个事情就变得飘起来了,真实场景什么样呢?那晚上都发生什么了?我那天喝多了记不住,其实不喝多也模糊了。好多事是不是都这样啊?那么多人找你聊,跟你说,他们遇到了什么事,有什么不痛快,这不都是话赶话说出来的吗?"刘棣拿起一个啤酒杯垫,在桌子上敲了敲,"您明白我的意思吗?一个事,这么说吧,一个外遇,不就是一会儿的事吗?最核心的步骤不就是一小时半小时几分钟的事吗?可它盘旋在你脑子里,有的能跟别人说,有的不能跟别人说,可这些都不是实质的东西啊,虚无缥缈,你思绪万千,跟别人絮絮叨叨,核心事实其实很稀薄,就跟没有差不多啊。您明白我的意思吗?"

吴医生双手交叉,放在桌上:"我明白。可还有另一种情况,你经历了童年,到青春期,十几年的光景,发生了好多事,你只能用语言整理那些经历,给你一个小时,你能说清楚吗?给你十个小时,给你一百个小时?一桩性爱,可能在你脑子里持续很长时间,这是放大。可我们也会缩小一些事,你说你这四十多年,给你十个小时,其实也就说得差不多了。"

刘棣看着吴医生,半天没说话,好像没明白他的意思。

第三章　伤心故事

17

那年春节假期，杨小诗和托尼去菲律宾薄荷岛学潜水。在飞机上，她一直练习法兰佐耳压平衡法，双手捏住鼻孔，舌根抬起，口腔中的空气推入耳咽管。有时她会轻轻发出"啊"的一声，喉咙缩紧，感受会厌的变化。她跟托尼说，你也练练吧。托尼说，我看这是深喉的功夫。杨小诗说，到水里你就知道疼了。杨小诗在青岛长大，在海洋大学的游泳馆里学会了蛙泳、自由泳和仰泳，到北京读大学后苦练蝶泳，后来工作，每逢压力过大、头昏脑涨之际，她就跑去中日文化交流中心的游泳馆游上两千米，那个地方有半透明的天花板，似乎总有天光洒下来。两千米游完，神清气爽地接着干活儿。她嘲笑托尼对高尔夫的迷恋，"嘿，别老去打高尔夫了，我看那运动像是老年人玩的，你到六十岁再打都不迟。"她喜欢网球、滑雪，置办了全套的装备，她看到同事拍摄的潜水照片，幽蓝的海水，白色的身体，长长的脚蹼把腿都变长了，然后她就喜欢上了自由潜水，跑到北京的富国海底世界参加了几次培训，八米深的水池对她来说有点儿浅，她盯上薄荷岛，拉着托尼去学潜水。杨小诗要用不同的运动验证自己由内而外都健康美丽的好身体。

早上，慢悠悠地吃过早饭，喝完两杯咖啡，托尼和杨小诗跟着教练出海，小船开出去两公里，关掉发动机，大海上银光闪闪，远处有几张风帆，静止不动，教练摆好浮球，放好下潜绳，杨小诗鼓励托尼："你玩过浮潜就没啥问题，就是扎一个猛子。"托尼苦笑："我好像有点儿紧张，喘不上气来，心跳也快了。"杨小诗穿着黑色的连体泳衣，身上涂抹着一层小麦色的防晒油，她往腰间系上一条明黄色的配重带，像是一件装饰品。托尼脱掉运动裤和花衬衫，里面是一条平角泳裤，教练递给他一条配重带，告诉他戴在脖子上，他嘀咕："为什么要我挂脖子上啊？挂上这玩意儿更喘不上气来了。"那条配重带像一条蛇一样缠绕在他的脖子上，他接着嘀咕，"咱们应该置办一套衣服吧？湿式潜水衣？"杨小诗不搭理他，穿脚蹼，戴面罩，跳下水，她示意教练，准备好了。

太阳明晃晃的，海面上像是有无数闪亮的刀子，浮球微微起伏，杨小诗潜入海底。托尼从小船上往海下看，能看见两个浮动的黑影,他默数一二三,还没数到三十,就看见杨小诗浮上水面,她摘下面罩,调整呼吸,向托尼喊:"下面有好多鱼,下去两三米就能看见。"

托尼跳入海中,一头扎下去,他听到心跳声,像一面鼓,眼前所见是一片浑浊的蓝色,那细微又惊恐的心跳像一阵鼓声,他抓住下潜绳,教练在他对面,比画着让他放松,可他最习惯的放松方式就是深呼吸,他感到耳膜有点儿刺痛,咽了一口吐沫,转身返回水面。杨小诗在船上喊:"你才下去几秒钟啊。"托尼有点儿愣神,他觉得自己在水下待了有几十秒,教练离他有三米远,笑着,露出洁白的牙齿:"放松,不要用力,不要怕。"杨小诗坐在船头:"你不要用力,你就感觉有什么东西吸着你往下走,就跟自由落体似的。"

托尼放松下来,再次下潜,他默数着自己的心跳,耳朵又一阵刺痛,好像有一股水流将他的双耳贯穿,他试着做了一下法兰佐,好像有一点儿缓解,疼痛可以忍受,他继续往下,像落入水中死去,继而感到莫名的恐惧,好像水下有一个漩涡静悄悄地等着他。他浮出水面,摘下面罩,问教练:"有十米吗?"教练回答:"六米,很棒。"

"六米,大概有两层楼高。我想潜到五十米。"她抬头往上看,好像海面上有一栋高楼。

"五十米？"托尼摇头。

"如果海底有一箱子金银财宝呢，有一艘沉船，你能不能下去？"

"那我去租个水肺。"托尼说。

教练笑："不要想钱，下面没有钱，你只要感受你的身体。"

他们在海里练习了两个小时，托尼一点点克服恐惧，然后回到岸上，吃饭，在泳池边睡觉，看书，消磨掉一下午。托尼的皮肤晒得粉红，像一只虾，到晚上发痒，才知道是晒伤了。夜里关了灯，躺在黑暗中，托尼说，嘿，我知道我为什么害怕了，自由潜太适合杀人了，两个人一起下潜，一个人要杀掉另一个好像挺容易的，把绳索剪断，弄成溺水或缺氧，总能伪装成一个意外。杨小诗翻了个身，你是怕我杀了你吗？你说，一个人要杀掉另一个人，那种杀意能被感觉出来吗？托尼说，能。

他们在薄荷岛逗留一周，上午潜水，下午杨小诗会去练瑜伽，倒立的同时练习法兰佐，还试着玩了几次桨板。托尼在岸上看着她在海面上划行，离他越来越远，身影变小，而海面变得辽阔。她还玩了海上滑翔伞，杨小诗享受着大海，在大海上空，在海平面上，也潜入海底。下潜，再浮出水面，一次又一次重复。到课程结束时，杨小诗已经能轻松地下潜到二十米以下，她对沙丁鱼和珊瑚的兴趣不大，她迷恋海下的宁静。潜到十米之下，她能感觉到血液向身体的中心涌过来，身体被切换到一种休眠模式，气流在耳咽管轻微地鼓荡，下潜的次数越多，切换就越自如，既是下沉，又似漂浮，她非常享受那种宁静的入定的状态，被海水包裹着，想多停留一会儿，再停留一会儿。她体会着身体中的氧气和血流的变化，享受其中一丝危险的味道，每次返回水面，她都需要一两分钟才缓过神来。她定下目标，下一次再来训练，一定要潜到五十米。她总是会定下目标，刚玩过两次滑雪，她就定下目标，以后要去圣莫里茨和采尔马特，刚去富国海底世界的水池里泡过两次，她就定下目标，以后要去塞班岛和巴哈马长岛蓝洞。她一直如此，定下一个高目标，然后拼命去达到。离开薄荷岛那天晚上，他们在酒吧里喝了两杯，返回房间时，经过泳池，泳池边的灯光已熄灭，树木掩映下，泳池里黑乎乎的。杨小诗把衣服脱光，跳进去，托尼看看四周，然后盯着泳池里那个白色的身体，她发着光，像一条鱼在水中游动。

他们回到马尼拉，托尼说，要去一个水果市场吃榴梿，他们打车前往，那股奇异的榴梿味道铺天盖地，像汗水、血和肉欲的味道，他们吃了一颗榴梿一颗凤梨，喝了 Buko 椰子水，又买了一袋子牛奶果和蒲桃，离开市场在大街上溜达。

杨小诗说，她总搞不清楚马尼拉、雅加达和吉隆坡，每想到其中之一，就要再确认一下这个城市到底属于菲律宾、印尼还是马来西亚，就跟玩连连看似的。托尼说，那我们就一起逛逛马尼拉吧。他们在街上溜达，经过一条美食街，到了一个小广场，路边上孤单单地放着一个蓝色的翻盖垃圾桶，杨小诗的水果壳放在一个小塑料袋里，她过去要把垃圾扔掉，掀开垃圾桶的盖子，她看到这辈子肉眼可见的数量最多移动速度最快的蛆群，正在蠕动的蛆群，奶油色的蛆，她感到一阵眩晕，垃圾袋掉在地上，盖子啪的一下关上，像是脑袋里被凿进去一块冰。她返回来，拉住托尼的手，平静地说："那个垃圾桶里有一堆蛆。"托尼说："真恶心。"

那天晚上杨小诗没有吃饭，始终觉得从胃里散发出一股子榴梿的味道。回北京的飞机上，她迷迷糊糊地睡了一觉，她潜入海底，脚下有黄色的珊瑚，一只海龟正慢悠悠地游着，海底摆着一个蓝色的垃圾桶，翻盖垃圾桶，需要一只手把盖子打开，海龟似乎能用头撞开，海龟向垃圾桶游过去，杨小诗想阻止海龟，她无法叫喊，无法呼吸，她惊醒，大口喘气，身边的托尼正睡得香甜。

回到北京，天气阴冷，雪花若有若无，杨小诗接到朋友的电话，说他们正在崇礼滑雪。杨小诗的朋友中有一位滑雪高手，开一辆大路虎，言谈举止都幅度过大，说话的声音过大，笑的声音过大，跟别人搂搂抱抱时太亲密，托尼不喜欢他，听说他在崇礼，就不太想去。托尼在家里煮热巧克力喝，外面飘着雪花，一杯浓稠的巧克力让他安稳。但杨小诗玩心正盛，恨不得每一天都有什么好玩的节目。两人睡了一晚，第二天下午开车往崇礼去，到崇礼跟朋友会合，吃了一顿羊肉，夜晚住进圣丹斯小镇。这是在北方萧瑟的山林中修建起来的一片公寓，外立面涂成黄色和粉色，屋里按照北欧风格装修。公寓楼一公里外就是雪场，沿途竖立着好几块广告牌，号称要把这里建成一个媲美阿尔卑斯山的度假地。但公寓楼的取暖不够好，杨小诗和托尼盖了两层棉被还是觉得冷。

雪静静地下了一夜，没有停下来，人造雪铺就的雪场上终于有了一层真正的雪，杨小诗在初级道上滑了两趟，看着她的高手朋友从高级道上疾驰而下，然后就自己坐缆车上山。过了会儿，她从高级道上滑下来，大声问那位高手，怎么样啊？高手回答，还是有点儿硬啊。她滑到托尼面前，停住，冒着热气。托尼问，上面危险吗？杨小诗回答，还可以吧，挺刺激的。托尼说，我上去看看。他坐上缆车，吱吱呀呀地往山上去，从高处往下看，杨小诗和那个滑雪高手一起到休息区去了。

杨小诗要了杯啤酒，冰凉的酒从喉咙灌到胃里，顿感舒畅，她往山上看，天阴沉沉，大片大片的雪花落下，山林中的树木都变成一片灰白，雪场上的喧闹显得有点儿遥远，喝完一杯啤酒，托尼还没有滑下来，她起身，站到雪地上，有一辆雪地摩托突突地开来，后面拖着一架雪橇，有一个工作人员跳上雪橇，他们向山上开去。杨小诗感到不妙，该不是托尼出事了吧？高手来到她身边，问，怎么了？有人受伤了吗？雪花落在杨小诗的身上，落在她的睫毛上，视线有点儿模糊，好像过了很久又好像是转瞬之间，雪地摩托开了回来，雪橇上躺着的正是托尼，穿着那件橘红色的滑雪服，非常难看的橘红色，看起来像是雪地上的一滴血。杨小诗跑过去，托尼非常镇定地说："我骨折了。"

高手及另外几个朋友围过来，七嘴八舌地说话，托尼坐在雪橇上说："对不起，让大家扫兴了。"

杨小诗问："我们回北京，还是去张家口的医院？"回北京至少要五个小时，去张家口只要一小时，托尼平静地说："回北京，去北京医院。"

雪地摩托把托尼运到停车场，杨小诗发动她的车，高手问："要不要我开车送你们回去？"工作人员把托尼抬上车，他半躺在后座上，右腿撑地，左腿悬空，杨小诗这时候才注意到，他伤的是左腿。看上去托尼不怎么痛苦,他微笑着跟高手说:"没事,我们自己开回去就行。"

杨小诗也很镇静:"我没问题,我开就行。"

高手一摆手:"那就赶紧走,别担心,滑雪断腿是常见的事。每年都得断几个。"

杨小诗开车上路,山路上开得平稳,转弯处减速,她从后视镜里看托尼,托尼眉头紧锁,半拉屁股悬在座位外面,杨小诗说:"你躺下舒服点儿吧。"托尼摇头:"我动不了。"杨小诗说:"要不要我先扶你躺下?"托尼说:"你开车吧。"他的语气生硬,压抑着一股无名火,过了会儿他平静下来,说:"放点儿音乐。"

车上高速公路,杨小诗以120公里的时速飞奔,托尼始终没有喊疼,杨小诗想,或许不是骨折,或许只是摔了一跤,扭伤了。快到北京的时候,路上有点儿堵,托尼看着窗外,喃喃自语,不知道城里堵不堵。春节刚过完,城里的交通还算好,但每一个红灯,都惹来托尼的一句咒骂。终于开到了北京医院,杨小诗跳下车进急诊处,两个护士推着一辆担架车出来,她们把托尼搬到车上。担架车直接推进病房,托尼终于放声大叫:"医生,给我打一针止疼!疼死我了!"这猛然而来的叫喊把杨小诗吓了一跳,一路上托尼都非常平静,甚至建议她不要超速，不要从右侧超车，他究竟是怎么忍受这五个小时的路程的？

护士进来打止疼针，医生来问诊，医生来照片子，来讲解什么叫左小腿腓骨旋转粉碎性骨折，医生安排手术，杨小诗有条不紊地应对着，同时，脑子里不断回想着薄荷岛潜入水下的感受，舌根抬起，耳压平衡，把声音抵挡在外面，嘿嘿，别走神儿，听听医生说什么。不断有人在她眼前晃，像一棵棵树，在飞速下山的过程中，雪花飘舞。终于托尼被推进了手术室，他的滑雪服、抓绒衣、内衣都装进一个塑料袋里。还有一个透明的小塑料袋，装着他的手机和钱包，杨小诗拿着这个小塑料袋，等在手术室外面。高手发来消息，问情况如何，杨小诗回复，左小腿腓骨旋转粉碎性骨折，在做手术。高手再发信来安慰，杨小诗不再回复。

塑料袋里托尼的手机微微振动了一下，过了会儿，又振动了一下，杨小诗扫了一眼，是一条财经新闻的推送，半小时之后，有一个电话打进来，王希言，这名字太刺眼了，她的名字是上联，这个名字是下联，孙行者对祖冲之，杨小诗对王希言。杨小诗皱起眉头，她盯着那部iPhone，那边电话挂了。又过了几分钟，手机振动了一下。杨小诗知道这部手机的密码，她并不想知道，但托尼有一次看完了《费马大定理》，向杨小诗炫耀他知道了一个名词叫作"亲和数"，他解释，两个正整数，其中一个的因数之和是另一个数，这两个数字就是"亲和数"。他问："你听懂了吗？"杨小诗说："没有。"托尼就再解释："你看 220 的因数是 1，2，4，5，10，11，20，22，44，55，110，它们的和是 284。284 的因数是 1，2，4，71，142，和是 220。所以，220 和 284 就是一对亲和数，不过它们是最小的亲和数。更大的一对儿是 1184 与 1210，还有 9363584 和 9437056 也是一对儿。亲和数找起来还真不容易呢。你听明白了吗？"杨小诗说："明白了，互为因数之和，就是亲和数。"托尼挥舞着手中的《费马大定理》说："这书真好看。"过了些日子，托尼买了一部新手机，新手机快递到家里，就放在书桌上，下面压了一本书，还是《费马大定理》。杨小诗的直觉告诉她，托尼会把新手机的密码设定为 220284，前一个手机密码，托尼用的是自己的生日数字，年份后两位数加月份和日期，他肯定觉得这个密码不安全，他和她在一起，要更注重隐私，所以这部新手机的密码将是一个新的六位数，好了，就是 220284。杨小诗非常相信自己的判断，但她从来没有验证过，她只觉得这个男人傻得可爱，看一本《费马大定理》就以为自己懂了点儿数学，就以为自己能设定一个奇妙的密码。

杨小诗从塑料袋里拿出托尼的手机，端详了一下，输入220284，屏幕瞬间打开。打开微信，王希言在微信里的名字是斯黛拉王，没有过往的聊天记录，只有斯黛拉王一小时内发来的两条消息，第一条是"想你了"，第二条是"方便时回电话"。第二条看起来没什么问题，那个电话也算不上是什么问题，即便是那句"想你了"也算不上是什么问题。但以往他们说过什么呢？被托尼删除了？她点开斯黛拉王的头像，嗯，是她。托尼有一个好朋友叫刘棣，这个王希言是刘棣的女友，至少在某一段时间内是刘棣的女友。夏天的时候，托尼搞过一次泳池派对，在京郊租的那个别墅，有一个二十米长的泳池，王希言那天穿了一件很漂亮的白色泳衣，前胸包裹得很严实，后背裸露，下面是褶皱的裙摆，她的皮肤是健康的黑色，她是跟刘棣一起来的，头发上还扎了一条丝巾，绿色和黄色相间，像是巴西国旗的样子，刘棣给她们做介绍，这是杨小诗，这是王希言，你们两个名字像一副对联啊。那是她们唯一的一次见面。

杨小诗走到医院大楼的门外，给她的大学同学打了个电话，那位同学在公安部门工作。杨小诗说，嗨，我要查一下两个人的出行记录，飞机和酒店。一个叫周同尘，和光同尘那两个字，一个叫王希言，希望的希，言论的言。同学笑，这俩名字挺讲究的啊。杨小诗说，有什么讲究啊？同学说，和光同尘，这是《老子》里的话。希言，这俩字也是出自《老子》，希言自然。这俩人是一对儿吗？杨小诗说，查一下就知道了。同学问她，什么时候要？杨小诗回答，越快越好。

托尼在午夜时分被推出手术室，他的左腿打上了石膏，他睡得很安稳，医生说，手术成功。托尼被推回单人病房，护士进来，跟杨小诗说，估计病人早上才会醒过来，麻药劲过了，他会感觉到疼，到时看他的反应，再决定是吃止痛药还是打吗啡。杨小诗笑着问，会很疼吗？他忍得住忍不住啊？护士也笑，一般人忍不住，骨头断了啊，谁能忍得住。杨小诗问，止痛药是什么药？是阿片类的？护士看着她说，你还什么都懂。

杨小诗决定回家，洗澡，从里到外换一身衣服再来。她把透明小塑料袋放到托尼的枕头底下，钱包里有几百块现钞和两张信用卡，手机里有几条未读的消息。托尼会在剧痛中醒来，他醒来的时候，杨小诗会坐在他的病床边上。杨小诗凌晨收到了同学发来的信息，上面有一个列表，是托尼最近半年飞去上海、深圳、广州、三亚四个目的地共计七次行程，其中有六次，周同尘和王希言都在同一架航班上，就如同他们都躺在《老子》的书页之中，流传至今两千年。托尼还有五次是用自己的名字预订了酒店，三亚一次，广州两次，上海两次。按照托尼的说法，这几次飞行都是商务旅行，去三亚和几个投资人打高尔夫，去上海开会，去广州看两个项目，也许真的是商务旅行，是去球场社交，只是王希言和他一起去了。早上托尼醒过来，杨小诗坐在床边的一把椅子上，笑吟吟地看着他，问他："疼吗？"

18

托尼醒过来的时候，先看到坐在床边的杨小诗，继而，他的目光飘散，获得另一重视角。他先从天花板上看下来，这间病房略显空荡，病床摆在屋子正中，右手边有一个小小的床头柜，上面放着一瓶农夫山泉，一只马克杯，那个杯子是他平常在家喝水用的。水杯边上放着一本书，《破晓的军队》上册，那是讲二战北非战场的书，他只看了一个开头。左手边是一把椅子，杨小诗就坐在那上边，她的头发扎了起来，看样子她回家洗漱完毕，还带来了他的水杯和书。床尾还放着一把椅子，上面是他的一套睡衣，床尾贴着标签，上面写着他的名字他的病症。床下面有一个小便器，冷冰冰的金属小便器放在水磨石地面上。床底还有一双拖鞋，好像等着他下地走一走，这双拖鞋要在下面等十多天或者一个月，看上去，它们很有耐心。左脚那一只和右脚那一只相互依偎，看似永不分离。病房门口有一个衣帽架，进门左手边是洗手间，靠墙还有一个柜子。托尼的目光穿透柜门，看见里面挂着他的一件羊绒睡袍，抽屉里有几条内裤。雪场上的树木忽然闪现，还有崇礼回来路上那些荒凉的山。摔倒之前是怎么回事？托尼想不起来了，他听见杨小诗问："疼吗？"

疼痛好像正在一点点酝酿，过一会儿就会汹涌而来。托尼说："去请一个护工。"

"我可以照顾你。"

"你给我喂饭？你给我接屎接尿？去请一个护工。"托尼有点儿嫌弃自己，这个笨拙的身体无法下潜到海下十米，这个笨拙的身体无法在雪道上保持平衡，这个笨拙的身体很快感到了疼痛，杨小诗喂他吃下去一片药。

"这是什么药？"托尼问。

"曲马多缓释片，护士刚才送过来的。"

托尼吃下药片，还是疼，两个小时之后，又打了一针曲马多。此后几天，他总是感到疼痛难忍，每天吃两次止痛药。他自己吃饭，在床上拉撒，为减少排便的次数，他吃得很少，每天喝大量的牛奶和酸奶。他在手术后第五天才想起来跟王希言联系，告诉她："我滑雪受伤了，摔断了腿，估计要住院一个月。"过了几个小时，他才收到回复："好好照顾你自己。"放下手机，托尼觉得这回复未免过于冷漠。这段维持了半年的插曲也许该结束了。它起始于夏天的那个泳池派对，托尼跟王希言说的第一句话是："你这身黑色是在晒黑机上晒出来的吧？""是啊，日光浴机。"王希言回答。托尼打量她胳膊上的肌肉线条："你经常锻炼吧？这胳膊太好看了。""我瞎练，健身、打拳、攀岩，什么都玩。"王希言指着泳池中的杨小诗，"她游得可真好啊。"托尼看泳池中的杨小诗，再回头看泳池边的王希言，刘棣端着两杯酒走回来。

　　托尼当初租下这栋房子，就是为了讨杨小诗的欢心，他看中这里的宽阔草坪，还有房东建好的泳池，只要预约一个宴会服务，这里就能办各式聚会，厨师、侍者、烧烤、鸡尾酒一应俱全。那天晚上刘棣喝多了，托尼和王希言架着刘棣，把他扔到床上，托尼没有及时离去，他给王希言介绍客房洗手间里的洗漱用品，手里拿着一个电吹风，像一个等着收小费的服务员，王希言笑嘻嘻地看着他，终于没什么可说的了，托尼摊摊手："那你就早点儿休息吧。"王希言笑："是啊，早点儿休息吧，我还以为要交换舞伴呢。"

　　"什么？"

楼上还有一对情侣留宿，在上面叫托尼。王希言说："各回各屋多没劲啊。"

托尼有点儿慌，他怕躺在床上的刘棣听见什么。楼上的叫声又响起来。

"赶紧上去吧。"王希言伸手，把手放在托尼的胸口上，这勾引过于直接和大胆。托尼觉得，这像是两个争强好胜的女人在玩游戏，那个泳池派对的主角就是杨小诗，她在泳池内外都非常美，但王希言似乎要证明，她能从这个美丽女人身边夺走什么。托尼也用同样的直接和大胆做出回应，两天后他预订了去三亚的机票和酒店。

托尼在病床上用手机处理公务，有一天开完电话会议，他看到手机上有王希言发来的一句话："要不要我去看看你？方便吗？"托尼盯着那一行字发呆，然后回了一句："算了吧。"这句话意思含混，好像是说"不方便，算了吧"，也好像是说，"我们到此为止，算了吧"。托尼要王希言自己去理解这三个字。她迟迟没有回复，托尼想，这大概真是"算了吧"的意思。他有点儿不甘心，眼前的杨小诗无可挑剔，她每天上班，工作繁忙，但每天都会来病房探望，给他带来水果、鲜花、牛奶，杨小诗甚至还给他倒过两次尿盆。她积极向上，有前途似锦的职业，有完美的身体，王希言更像是一种对比，她皮肤黑，大腿略粗，总穿着松松垮垮的衣服，好像从来不工作，托尼不知道王希言是干什么的，她说她是设计师，却也没见她设计过什么项目。她喜欢吃，喜欢玩，喜欢上床，是的，她喜欢上床，她对性有极大的热情，她的出现无损于杨小诗，只会让杨小诗更美、更珍贵，但托尼觉得，如果失去了这个对比，杨小诗骤然之间就变得干瘪了，两个人相互映衬着，就是一副对联，杨小诗是一种向上的积极的快乐，王希言是一种黑暗的堕落的快乐，失去其一，另一个也失色不少。

托尼读《破晓的军队》，跟着盟军从突尼斯出发，激战于北非。隆美尔遭遇一次失利之时，忽然他想到，杨小诗会不会已经知道了王希言，这件事太容易暴露了。他观察杨小诗的一举一动，看不出什么异样，她只是有点儿"太好了"，好得出人意料。只有一次，她流露出一丝嫌弃。那次是护工用热毛巾给他擦拭身体，护工端来脸盆，把毛巾浸入热水，解开他的睡衣，露出他的胸膛和肚子，念叨着说，擦擦就舒服了。托尼不习惯由一个粗糙的中年男人来触碰，望向杨小诗，可杨小诗转过头去，不理会他眼神中的渴望，她转头那一瞬，流露出一股子嫌弃，似乎对眼前这具白花花的肉体不想多看一眼。那神情只是一闪而过，托尼却觉得非常难过。

托尼没想到刘棣会来医院探望，那是个周六，杨小诗和刘棣前后脚到。杨小诗捧着一大束鲜花，刘棣带来了一个蓝牙音箱，他坐下来问："怎么样啊？"托尼故作轻松："没事了，我都能拄着拐杖自己上厕所了。"托尼用手机连上蓝牙音箱，放出点儿音乐听。两人有一搭无一搭地闲扯，杨小诗忽然问："嘿，刘棣，你那个女朋友呢？她最近怎么样？"问话一出，托尼和刘棣都愣了一下，刘棣支吾着说，好久没联系了。托尼低下头，他知道杨小诗正在观察他，他知道，事情已经败露。在这样聪明的女人面前，抵赖和狡辩都没用。

这场滑雪的意外事故，拆散了杨小诗王、希言这副对联，托尼和杨小诗之间原本牢固的关系也出现了崩坏的可能。像是一个原本坚固漂亮的房子，墙壁中忽然发出异响，还有一处水管破裂了。有一段时间，托尼刚刚有钱那一阵儿，在北京看了很多房子，有高级公寓，也有郊外的别墅。有一次他开到昌平，见到一处工地，农民工正在盖房子，沙土泥浆，钢筋架构，砖石瓦块，托尼盯着工地上的一栋栋房子，惊讶于眼前这些粗糙的建筑，会在一年后变身为售价千万的豪宅，这些工人还会添加一些罗马柱，修一个下沉广场，兴许还会顺手弄两个喷泉和雕塑，会有草坪，有树木，会在广告上呈现出一种欧式庄园的气概，所有外表光鲜的事情都需要建构，然而外人总看不到建构的过程。在那个工地门口，托尼决定，不买房子了,把钱投入到那些沙土泥浆砖石瓦块上去,然后把那些粗糙丑陋的东西打扮得美丽光鲜。

托尼在北京医院的病房里住了一个月,然后出院,拄着两根拐杖,腿上打着石膏。医生给他开了双氯芬酸钠缓释片,也开了一点儿曲马多缓释片,叮嘱他,吃前一种就可以,实在忍不住疼,再吃后一种。托尼倒不觉得多疼了,只是行动不便,不过,他很享受在家中养病的日子。他从网上买了很多兵人玩偶,都没拆封,养病在家可以好好摆弄这些玩偶了。那些兵人玩偶有发达的胸肌、粗壮的大腿,完美的身材,托尼一点点组装他们的身体,给他们穿上军装,配上头盔、枪械、子弹袋,先摆弄好几个美军伞兵,然后再摆弄好几个德军步兵,每个士兵都能做出站立、下蹲或者匍匐在地的姿态,枪械头盔都是金属材质,可他们的表情总显得有点儿呆滞。一个士兵总应该能召唤另一个士兵并期待他的反应,几个士兵站在一起就应该摆出一个战斗队形,美军伞兵和德国步兵遇到,就会有一场小小的战斗,这些表情单一的士兵在向托尼吁求一个更大的场景。托尼向杨小诗展示自己的作品,大写字台上,一队美军士兵和一队德军士兵对峙。杨小诗略为敷衍地说,真好看啊。托尼看出他的作品还有很大的提升空间,他站在写字台边上,像一个高级将领打量着行进中的军队,他说:"我要弄一片田野,把这桌子变成一块田野。我要弄一堵灌木篱笆墙,你知道在法国,就在诺曼底附近,有一种灌木篱笆墙,是用石头泥土砌成的,一米到两米高,墙的年头长,上面有很多灌木的根茎,植物跟墙都纠缠在一起,特别结实。美军士兵登陆之后,就进入法国的农田,农田是开阔地啊,德国士兵熟悉地形,他们躲在树底下,或者篱笆墙下面,用一挺机关枪就可以控制一大片开阔地。当时的战斗特别残酷,美军向前推进,德军就在田地里打伏击,有时候他们就隔着一堵篱笆墙,忽然意识到对面是敌人,就打起来了。我得在这儿砌一堵墙。"托尼说干就干,他从淘宝网上购置了一大堆小孩子玩的砖块和泥浆,砌成墙,然后发现儿童玩具的质感和兵人玩偶太不协调了,搭建一个真正的灌木篱笆墙,需要真正的石头。他买来好几种鹅卵石,大小不一,都是铺设庭院用的,他用一种德国进口的玩具泥浆来建石头墙,再剪下家中的绿植,购买苔藓,将细碎的植物添加到鹅卵石缝隙中,他一点点完善自己的篱笆墙。他搜寻房屋模型,想着再建构一个巷战的场景,他甚至考虑,该去学一下木工了,那些现成的房屋模型,和兵人的比例不相称,要建构巷战的场景,就要自己做房子。他以上帝视角打量他的战场,抚摸每一个美军士兵,抚摸每一个德军士兵,擦拭他们的枪械,调整他们的姿态。

杨小诗还是会和托尼上床，她纵身而上，像骑着一条瘸腿的马。每天早上，杨小诗会给他做一杯咖啡，用优瑞咖啡机打出来，她自己用雀巢咖啡机，只喝胶囊咖啡。到了晚上，杨小诗会给他做一杯热巧克力，用小锅加热250毫升牛奶，加上两块巧克力，加上肉桂，她还要把一块巧克力切成碎屑，拿一只咖啡杯，杯子沿儿上蘸上热巧克力，再沾上巧克力碎，这样杯口就有一圈巧克力，热巧克力倒在杯子中，放到托盘上，再配一块可颂，这就是托尼每晚必吃的夜宵。

有一天晚上，托尼盯着写字台上那几个士兵，忽然感觉到他们的疲惫，他们在这里战斗了很长一段时间，脚上的战靴已经很久没有脱下来了，像长在脚上了一样，就像他腿上的石膏，成了他肉体的一部分。泥泞的田野上是不是会有水蛭呢？或者有别的什么虫子。那些虫子会爬上士兵的腿，钻进他们的裤脚，钻进他们的军装中。他感到自己的左腿上布满了虫子，他看见了很多小虫子，他拍打自己的左腿，再拍打自己的右腿，想把那些虫子拍落。他站在书房里，感到杨小诗站在书房门口，就像是一个美军士兵感受到灌木篱笆墙的另一侧有一个德军士兵，两人都举着枪，不放出声响，但目光似乎能穿透墙壁。门敲了两下，杨小诗进来，托尼盯着她，她的手里是一个托盘,有一杯热巧克力和一块可颂。

托尼能感受到杨小诗的那种敌意的目光,像被一个狙击手瞄准了一样。三年后的婚礼上,他穿的礼服细密扎实,捂出了一身汗,他背诵那些颂词,生怕漏掉一句,他注意着前排的几位家长,看他们脸上的笑容,他透过香槟塔看到宾客的座席,他换好衣服去宴会厅敬酒,跟每一个人寒暄,接受每一个人的祝福,但时刻都有另一个目光在打量他,那目光来自他本人,有另一个托尼飘浮在白色帐篷的上面,飘浮在宴会厅的天花板上和枝形吊灯上,像一只苍蝇停在那儿,飞起,盘旋,再停,变换着位置打量下面那个滑稽的托尼。他好像被施了分身术,一个肉身在执行着婚礼的规定动作,另一个肉身游离在外,冷眼观看前一个肉身的表演。分身术像被赋予了一重自由,实则是双重的囚禁,一个在动,一个在看,他们渴望合二为一,却不知为什么会离散。他第一次注意到这个现象,就是在北京医院的病房里,他刚做完手术,躺在病床上,醒过来,看着天花板,同时,他有另一道目光,从天花板上望下来,打量着屋子里的一切。是我的脑子受伤了吗?大脑中不同的模块处理着不同的任务,难道雪道上摔的那一个跟头,脑子中的模块受到震动发生了什么错位?他飘散在外的那一重目光有什么用呢?在婚礼上,在四方亭上,他感到杨小诗在盯着他，犹如灌木篱笆墙的一侧站着一个德国兵，哪怕那敌意的目光已经消失了很长时间，她再次出现的时候，还是能被托尼感觉到，就像是被狙击手瞄准了一样，或者有一个机枪手等着他进入射程，杨小诗就在宾客之中。自打他从那栋泳池别墅逃离，他们两个已经两年多没见了。托尼下意识地往主持人身后靠了靠，安慰自己，也许只是一种错觉。

婚礼过后十天，托尼才真真切切地看到她。那是在美中宜和医院门口，托尼陪妻子做完产检，医生第一次告诉他，是个女儿。妻子非常高兴，摸着肚子说，哈哈，是个女儿。他们走出医院大门，司机正从停车场把车开过来，托尼感到自己被瞄准了，街对面是一家韩国餐馆，街道是双向两车道，韩国餐馆的伙计正在指挥一位客人停车，街上来往的车疾驰而过，杨小诗就站在那个韩国餐馆的门口，她总爱穿那种瘦身的牛仔裤，显出她又长又直的腿和结实的屁股，她戴着墨镜，墨镜后面冷冷的目光正看着他们。托尼站到妻子前面，司机把丰田大霸王开过来，司机下车，打开车门，妻子上车，司机关上车门。托尼没动，司机再去打开另一侧的车门，托尼绕过车尾，他站住，向街对面的杨小诗看过去，司机觉察出了异样，也往韩国餐馆那边看，托尼上车，司机关上车门。

杨小诗就站在那里,背后的餐馆冒出一阵阵烤肉的香味。

19

托尼坐到了那张意大利阅读椅上,吴思齐坐在他对面的一张沙发上,他们这样的面谈已经有了几十次。托尼都说过些什么呢?他的孤独感,从少年时期就开始的孤独感,有一个夜晚他仰望天空,天上有很多星星,十二岁的周同尘知道了那些星星离他是多么遥远,知道了光速,知道好几个星座的名称,一种巨大的孤独注入他的身体,他知道世上没有什么人可以依靠,有些东西憋在心里讲不出来,也不知道能讲给谁听。那时候他喜欢弓箭,喜欢用硬纸板做铠甲,他睡觉时总把一个玩具手枪放在枕头下面,直到上了大学离开家。在大学宿舍里他会在枕头底下放一把小小的瑞士军刀,那是个钥匙扣,瑞士军刀连着一把宿舍的钥匙,小刀子削苹果皮都费劲,但它能带来一点点安全感。他在大学里迷上了二战战史,先是看了《第三帝国的兴亡》,然后看了丘吉尔六大本回忆录,然后在图书馆里找到了一本古德里安的《闪电战》,继而发现一大堆德国将领的回忆录。他一本接一本地看二战战史,看各种关于二战的书,他有时会给吴思齐讲一段历史,比如 19 世纪 20 年代一个生活在柏林的人，正赶上通货膨胀，今天的电影票可能是 10 万马克，过几天就会涨到 30 万，那家伙会买十张电影票，电影票可以长期使用。由此他会讲纳粹是怎么上台的，德国如何在很短时间内纳粹化。他喜欢看那些著名的将领怎么指挥作战，也喜欢看普通人怎么熬过那场战争，他的感悟是什么呢？非常简单，一是和平万岁，打起仗来老百姓受苦，在战争面前，每个人的生活都变得异常艰难；二是，人类疯狂起来，什么事都干得出来。吴思齐喜欢听托尼讲历史，托尼会控制时间，讲五分钟或者十分钟，最多十五分钟，他就会收尾，收尾的时候总感叹一句，幸好我们没有生活在那个时候。有一次他讲到维也纳的一个大家族如何在二战时倾家荡产，收尾的时候，他盯着吴医生说："你想想，你所有的资产，动产不动产，都被没收了。你家里的艺术品被政府没收了，你的存款没了，你开的银行也被收归国有了。想一想这是多可怕的事儿。要是我遇见这样的事，非死不可。"

吴思齐一直想消除托尼的不安全感，但他知道自己做不到。如果托尼在阅读中缓解他的惶恐，那就找到了应对不安全感的办法。吴医生喜欢听托尼讲二战，他有一次夸托尼："你比高晓松讲得还好啊。"托尼摇手："比不了，比不了。"吴思齐笑:"反正我更喜欢听你讲。"吴医生不愿意失去这个慷慨的客户,如果托尼太忙,一段时间没来,吴思齐甚至会想念他。他们经过几十次谈话之后,好像终于进入正题,面对面地坐下,有两分钟的时间,谁也没开口。

"有一件事我要告诉你,我见到了杨小诗。我在你的婚礼上见到她,后来她来找过我一次。她知道我是你的心理医生,想知道你跟我都聊过什么。"

托尼笑:"我那个婚礼有点儿滑稽吧?"

吴思齐说:"我在婚礼上碰到她的时候,还不知道她是谁,后来才知道她是你的女友。"

"我知道她在婚礼上出现了,我能感觉出来。"托尼掏出一块巧克力,撕开包装纸,掰下一小块放到嘴里,嘴巴轻轻嚅动。

"你愿意说说杨小诗吗?"

"哈,我其实很怕她。前天我带老婆去产检,出了医院,就看见她了。她在医院大门口的马路对面站着,我不知道她要干什么。我已经两年多没见过她了,按理说我该上去打个招呼,可她那样子好像跟我不共戴天似的。她真的挺可怕的。我刚认识她的时候,她养了一只猫,那猫有糖尿病,她每天要给那只猫打胰岛素,不管在外面怎么玩,都要回家给猫打针。

我心说她还挺有爱心的，能这么耐心地照看一只猫。可后来她就把那只猫送去安乐死了。"托尼看着吴思齐，吴思齐好像对那只猫的命运不太关心。

托尼继续："她用胰岛素对付那只猫，用糖皮质激素对付我，我跟那只猫一样，差点儿被她弄死。"托尼把茶几上的那块巧克力拿起来，包装纸全撕开，指着那块裸露的巧克力说："我喜欢吃巧克力，小时候买不起，长大了之后可算是能敞开吃了，还有麦乳精，太喜欢喝那玩意儿了。后来我去西班牙、意大利玩，发现人家熬的那种热巧克力，跟咱们这边的热巧克力完全是两种东西，浓稠，喝下去之后肚子里暖暖的，冬天的时候来一杯热巧克力是最棒的。我滑雪摔断腿那次，你还记得吗？我第一次来找你，就是担心我那条左腿，总觉得疼，怕跑不了步。我还记得你给我讲那个故事，说有的人截肢了，还会觉得义肢那里疼，根本没有腿了还觉得腿疼。有些疼痛可能是在大脑中产生的，有些疼痛可能就是幻觉。我说的可不是幻觉。我骨折之后做手术，然后在家里养伤，每天晚上杨小诗都给我做一杯热巧克力，我一开始觉得味道有点儿不对，她说她加了一种香草精，也可能是我在医院里待了一个月，口味变了。后来我喝着也挺好，可在家待了不到一个月，我就觉出不对劲了，胃疼，眼前老有幻觉，老能看见小黑虫子，在我腿上爬，在床上爬，我以为是手术后的不良反应，我当时还偶尔吃两片止疼药，我以为是那个止疼药有什么副作用呢。可后来我忽然明白过来了，是她那个巧克力有问题，她给我端来的时候，那个姿势特别不放松，那时候我在家没事儿玩兵人，天天琢磨士兵的动作，他们在战场上全身都是紧张的，我忽然明白了，杨小诗给我的巧克力里下药，我不知道是什么药，就在家里找。她有一个衣帽间，她自己专门用的衣帽间，有个小柜子，里面放的都是香奈儿包，大小不一，都是黑色的，结果我就在一个包里找到了地塞米松，糖皮质激素，说实话我真佩服自己，我都没怎么翻，就在衣帽间里冥想，然后就在她的包里找到了，她往我的巧克力里下了药，也许早上的咖啡里也下了点儿。我家里的常备药都是放在一个抽屉里的，什么康泰克泰诺阿司匹林，还有胃药，还有创可贴。那阵儿我还真在研究药物，医生给我开了曲马多缓释片，但让我尽量不吃，我就知道了鸦片类药物还是会成瘾的，我看了一堆报道，讲美国医生开了大量鸦片类止疼药，中国也向美国出口好多止疼药，我就不吃曲马多。结果我发现她也在研究药物，她有一个书柜，里面全是法律书，有一层全是医学书，我在那里发现一本书叫《癌症药物及其副作用》，新的，开本不大，很厚，可把我吓坏了，她看这个干吗？她还要给我下什么药？是，我出轨了，严格说，那不叫出轨，我们又没结婚，我可以跟别人去约会吧？就算我做错了，也不用这么狠毒吧？杨小诗太可怕了。"

托尼说话的时候，吴思齐一直回想着在咖啡厅里，杨小诗是怎么往咖啡里加糖的，那几个糖包散落在桌子上，那杯咖啡里加了太多的糖。那家咖啡厅的师傅喜欢在杯子上拉花，他会拉出梦露和赫本的头像，虽然看上去不那么真切，但还是能辨识出哪个是梦露哪个是赫本，领略了咖啡师傅的拉花技巧之后，吴医生就总点黑咖啡。那天杨小诗点的可能是一杯拿铁，咖啡师或许抖擞精神给她拉了一个赫本的头像，杨小诗肯定在加糖的时候就把那张脸打碎了。

"跟你约会的姑娘是叫王希言吗？"吴医生问。

托尼一愣："是，是叫王希言，刘棣介绍我们认识的。"

吴医生的眉毛轻微跳动了一下，他接着问："你有什么确切的证据吗？地塞米松是一种常见药，也许是她自己用，治疗过敏性皮炎，也许她不愿意让你知道她在用激素。"

"我倒是没有亲眼看见。那个房子有好几个摄像头，都是冲着外面的，前院有一个，大门口有一个，厨房外面就有一个，是对着后院的。我倒是想装一个摄像头，对着厨房，看她是怎么做巧克力的，但这有什么意思呢？我也不想看到。我没有切实的证据,很多事都是没证据的。比如我和王希言的约会,我也没留下什么证据啊,我的聊天记录都删了,也从来没拍过照片。但杨小诗还是能发现。两个人在一起,是能知道对方的心思的,那是明摆着的事。我住院的时候就知道,我暴露了,被她发现了,不过我心存侥幸,觉得她有求于我,不至于怎么样,没想到她给我下毒手。你记得我刚来找你时的样子吗?虚胖,有点儿浮肿,我断腿之后是有三个月没运动,但也不至于变成那个德行,这都是糖皮质激素的副作用。我知道它有一个副作用是精神障碍,有的人会特别兴奋,胡言乱语,有的正相反,会陷入抑郁,还有被迫害妄想。哈,这倒是挺好玩的,我可能一直就有被迫害妄想症,所以疑心她给我下了药。或者她真的是给我下了药,我才有被迫害妄想?"

吴思齐翻动手中的笔记本,在其中一页停下来:"我记得你说过,你以前晚上睡觉都会看一下门锁,有时候还会在床上搭一个堡垒,用很多枕头。你很在乎自己的隐私,总怕被人跟踪。"

托尼掰了一块巧克力放到嘴里,用力嚼碎:"是,我坏天气的时候不出门,一定要出门,我就戴上口罩,雾霾严重的时候,我会用毛巾把门缝都堵上。我这么做的时候也觉得自己怪可笑的,我是有点儿小毛病,但我从未丧失理智。但她的做法是丧失理智的,她让我害怕。我那时精神状态是不好,沉迷游戏,天天坐在那儿摆弄我那些兵人,或者打游戏,一眨眼天就黑了,可忽然间我明白了是她给我下药,我的精神状态立刻好了。"

"你怎么办呢?怎么应对?"

"我就不喝热巧克力了,也很少喝咖啡了,在外面几乎不喝咖啡。但我还是喜欢吃巧克力。"托尼又放到嘴里一块巧克力,"我就跟她说,我不喝巧克力了,也不喝咖啡了,这些东西对骨头不好。那她就知道,她被我发现了呗。我们倒没吵架,吵架太没意思了,腿脚好了一点儿之后,我就跑了,趁她上班的时候,我收拾我的东西,几件西服啥的,反正那是我临时租的一个地方,我叫了一个小货车就走了。我把那些兵人都留下了,德国兵美国兵,都端着枪,冲着门口,杨小诗进去就能看见,全拿枪对着她。"

吴思齐耸耸肩:"我觉得你处理得还不错。可她为什么报复心那么重呢?就那么恨你?"

诊室里有轻柔的音乐,吴医生那台小音响很少开动,但每次托尼来,都坚持要放点儿音乐做背景声,他专注地听了会儿音乐,指了指那个小音响:"吴医生你真的该换一套音响了。"托尼说过好几次,你应该换一套音响了,他还说过愿意给吴医生配置一套。

托尼调整了一下坐姿:"你应该去问她,去治疗她。她太厉害了,什么事儿都要拔尖儿。我一开始很喜欢这样的性格,喜欢她那种目空一切野心勃勃的劲儿,要当合伙人,要挣很多很多钱,我觉得她非常了不起,但她这种人从小到大就赢惯了,没输过,都被捧着。但好多事情还是要拼资源拼资历拼经验的,要熬年头,这是时间成本。她好像根本不理解这个。对,她对历史一点儿兴趣都没有,1914年到1918年发生了什么?一战啊。她不知道。诺曼底登陆、突出部战役,呃,这些事是远了点儿。我们就说眼前的,甲午海战、卢沟桥事变,呃,也不能说她不知道,但就是课本里那点儿东西。她总觉得,这些事情跟我有什么关系啊,典型的历史虚无论。她没有历史感,相应地也没有时间概念,就想着三十岁功成名就,四十五岁财务自由,我这几年见过太多这样的人了,我承认,我原来也是这样的人,可我运气好啊。我不是说别人就不应该有我这样的运气,我喜欢这样的人,偏执,对钱有热情,我见到这样的人就愿意帮助他们,可找一个这样的人睡在身边就麻烦了。我好像把我给绕糊涂了,我喜欢那样的人,拔尖儿,心里急吼吼的,可外表又特体面,杨小诗就是这样的,可惜她控制欲太强了。"

"能看出来。"

"他们喜欢钱，喜欢一切享乐的东西，外表要光鲜。我跟杨小诗就跟演戏似的，外面看着很好，可里面缺乏那种钢筋水泥一样牢靠的东西。她想从我这里得到一些资源，我也愿意帮她，但我们两个不可能长久。我老婆不一样，我老婆能让我安静下来。她跟我聊天，就给我讲怎么欣赏一张画。她知道我喜欢战史，就给我讲当年纳粹是怎么劫掠艺术品的。她那次给我讲了两个多小时马蒂斯，让我觉得太安静了，太美了。就跟一艘船停在港湾里似的，海水是透明的，这条船有锚啊，让你觉得你跟什么东西连接在一起，有的船只有帆，风一吹，这船就跟着风跑，它还停不下来。我遇到我老婆，就觉得我该结婚了，我要娶这样的人，有一个锚，我都四十多了，不能整天跟着风乱跑了。"托尼不是第一次夸他老婆，每次说起老婆，他都露出甜美的笑容，这一次他的语调轻柔，语速放慢，笑得更甜，"我们前天去做产检，那医生说漏嘴了，说这姑娘大腿骨真长，以前医生都不告诉我们是男是女，可能怕告诉我是闺女，我不乐意吧。我其实真的喜欢闺女，大腿骨长多好啊，能跳芭蕾，以后就学钢琴学芭蕾，或者跟她妈妈似的学点儿艺术史，一辈子都跟美的东西打交道，不用操心钱，不用去想挣钱的事，多好啊。我老婆跟我说过一事儿特好玩，她说那些学民乐、学民族舞的孩子，长得都喜洋洋的，说那些学钢琴学芭蕾的女孩子，长大了都是那种高冷范儿，我觉得她说得挺对的，不过我还是想让闺女学钢琴学芭蕾，高冷就高冷点儿吧，我们不用去讨好谁。"托尼笑吟吟地躺倒在阅读椅上，手指音响，"多好听的钢琴。"然后他坐直身子，"我觉得人还是有很强烈的动物本能，那天我看见杨小诗，就觉得她要来侵犯我，我要保护老婆孩子。我不知道她会干出什么事来，按理说她非常精明，特别会算计自己的利益得失，我也不觉得我有什么魅力能让她念念不忘的，真的，你看我们相处了一两年，好像谈了一场恋爱，可分手就是分手了，我都不觉得我在她眼里有什么魅力。我不想再和她有什么接触了，如果她再来找你，或者你能找到她，帮助她一下，看看她心里有什么解不开的疙瘩。我会非常感激你的。"

　　吴思齐被托尼谈论其闺女的神态打动，觉得杨小诗的确不该再去打扰别人安静的生活，接下来他听明白了，托尼给他安排了一个活儿，让他治疗杨小诗，他说得是那样有策略，"或者你能找到她"，"我会非常感激你的"。吴思齐笑，这就是他喜欢和托尼聊天的原因。

20

杨小诗在家门口看到托尼的拐杖，一根斜倚另一根，像是随手放在那里的，也像是特意摆出来的，两个拐杖像是跷着二郎腿。屋里很安静，托尼养伤的时候住在一楼，他那间屋子敞着门，杨小诗走进去，从门口到写字台的动线，都在兵人玩偶的准星里。写字台上的八个兵人，三个德国兵，五个美国兵，全站在一道灌木篱笆墙前面，举枪对着杨小诗，仿佛为了对付这个女人，美军和德军都暂时结成了盟友。杨小诗像圣女贞德一样，轻蔑地看了一眼这八个敌人，伸手一挥，将他们全部打倒在地。她上楼，楼上少了两个大旅行箱和一个登机箱，托尼原来放在储藏间里的大提琴也不见了。这个房子变得更加空旷。托尼不做口舌之争，不辩解，不找借口也不诋毁他人，受到伤害并不抱怨，也不想讨什么公道，他及时止损。还有一个多月就要付房租了，那也给她留下了搬家的时间。他一走了之，干净利落，这种处理方式正是杨小诗喜欢的。

卧室床底下有一双皮质拖鞋，那是杨小诗在上一个圣诞节送给托尼的礼物，还亮亮地闪着光，衣帽间里有成排的衬衫，几件过季的西服，一堆领带，几双皮鞋，杨小诗盘算他带走了哪些东西又留下了哪些。他带走了一台索尼小相机,留下了一台老旧的佳能单反相机和三个沉沉的镜头,他留下了一个水族箱,一把赫曼米勒转椅,客厅里有几个粗糙的高尔夫比赛奖杯,厨房里有一堆未拆的茶叶礼盒,这屋里居然没有什么东西附着了他的情感,他的办公室里放着一套音响,那个功放机产自德国,是几十年前在电影院中使用的东西,那是他的宝贝。这个屋子有过类似的宝贝吗?有哪一样东西跟了他二十年或者十年吗?杨小诗估算托尼扔下的东西价值几何,忽然觉得自己也是他扔下的一件东西。

杨小诗决意过自己的生活,她上班,加班,周末也加班,几无社交生活,更没有新的约会对象。那年夏天,她继续去菲律宾学自由潜,换了一个小岛,每天出海,努力下潜到30米、40米,她让教练给她拍了很多照片,贴到 Instagram 上去,然后就开始在 Instagram 上搜索王希言,她试了很多次,拼音、首字母、英文名的各种组合,也没找到黑皮肤的王希言。她想报复这个女人,但更多的时候,她还是想报复托尼,因为他的欺骗,因为某种屈辱感。他拍拍屁股消失不见,像是掌握着一种特权,能随时从困局中脱身,对她不肯多说一个字。

从菲律宾回来之后,杨小诗总觉得累,去中日文化交流中心游泳,不到两千米就游不动了。三十岁生日过后,她没有达成自己要成为合伙人的目标，不免心灰意懒。此时，有一位朋友说起，某家大公司在招聘法务人员，工作比律所轻松一些，薪水也还不错，杨小诗前去应聘，顺利过关，她向律师事务所提出辞职，打算休息一段时间，来年入职那家公司。她在初冬的一天前去体检，颈部有一个肿块让她不太舒服。

那天在医院，在放射科照CT，躺下，进入方舱，CT机发出警铃一样的声音，杨小诗吓了一跳。过了会儿，铃声又响起。铃铃铃响了三次。而后她坐在走廊的长椅上，外面被阳光照得白茫茫，约莫过了半小时，她听到走廊另一头有医生在喊她的名字：杨小诗，杨小诗。那叫声和平常不一样，平常人们叫她"小诗"，或者叫"杨律师"，很少有人叫她的全名，其实，也说不上来这个叫声为什么和平常不一样，只是，事后回想，那叫声是一种不祥的召唤，如果她没有应答，也许能躲过一场疾病。她迟疑了几秒，向那边走过去，阳光照进来，走廊也白晃晃的，那边有一位中年医生问她："你叫杨小诗啊？"杨小诗点头，医生带她进到诊室里，接着问："你最近有什么不舒服吗？"杨小诗发愣，医生接着问："你脖子上有一个肿块？你自己知道吧？"杨小诗回答："我知道啊，不疼不痒的。"诊室里一位年轻医生和那位中年医生，凑在灯箱前看片子，他们讨论了几句，杨小诗听不清他们在说什么，或者是听不懂他们在说什么，他们好像是在说别人的事，过了几分钟，年轻医生回头问："你吃饭的时候，吞咽有什么不舒服吗？"杨小诗回答："没有啊。"那位中年医生对她说："你去找医生谈谈吧，让医生来判断。"

又经过一次超声检查和一次细胞学检查，杨小诗确诊为甲状腺乳头状癌，医生宽慰她，虽然是癌，但没什么可怕，切除甲状腺及左侧淋巴即可，这种病多发于四十岁以下的女性。杨小诗查资料，看梅奥研究所的论文，买来《肿瘤学》，要搞明白医生说的每一个术语，她看日本有明医院的诊治流程，向日本中介询问微创手术的可能，最终她选择在北京的一家大医院手术。手术四个小时，住院五天，杨小诗的父母从青岛来北京照顾她，在菜市场买新鲜蔬菜，去水产市场挑水产，他们做好饭菜，送到医院，但杨小诗很少吃，爸爸妈妈坐在小马扎上，用一把椅子当饭桌，把带来的饭菜吃光。他们吃得很香，杨小诗听着他们吞咽食物的声音，心想他们怎么能吃得下去呢？但世上只有他们两个人，和她真正地骨肉相连。他们坚信这是一个小小的磨难，就像女儿会保送到北京读大学，会轻松拿到律师证一样，她也会渡过这个小难关。杨小诗出院之后，回青岛住了两个月。她每天服用优甲乐，每天走很长很长的路，有时爸爸陪着，有时妈妈陪着，她看到海浪，感觉人群像潮水一样从她身上漫过去。她独自一人在菲律宾学潜水的时候，有一次因为缺氧而昏迷，她感觉头上就是海平面，随后就失去了意识，教练把她推到船上，放平，拍打她的脸，她感到一阵风吹过来，呼吸，醒过来，不记得刚刚发生了什么，好像只昏厥了一分钟，然后一切如常。这场病也是一场类似的昏厥，只不过持续的时间长了一些。过了春节，她回北京入职一家大公司。

那一天医生在走廊尽头叫她，把她召唤到一个神秘的平行宇宙去了，她被困在那里两个月，再回来的时候，脖子上有一道细长的伤口，不管什么样的发型都难以遮挡住伤口，她索性把头发剪短。她在意身上的不美观，北京干燥的冬天，总会让她皮肤瘙痒，严重的时候会变成皮炎，腿上一片红斑，她涂地塞米松软膏，偶尔也会吃地塞米松口服片。她曾在托尼的热巧克力中添加了一点点药片，她想，为什么给托尼加点儿激素，结果自己却得了甲状腺癌？难道托尼有什么魔法护身，能做出如此厉害的反击？她知道这两件事没有任何因果关系，但总觉得周同尘练就了金刚不坏之身，借力打力，以彼之道还施彼身，那个黑黑的王希言，不知身在何处，裸露着大片肌肤，还是那样健康，脸上带着嘲弄的微笑。

21

希尔顿酒店的宴会厅中聚集着七八百名观众，台上的陈旖旎教授正在演讲，身后的巨大幕布上映射出路德维格、奥托、鲍斯·梅达、希伯·马丁的头像，黑白照片，如一尊尊遗像，随着陈教授手中的遥控器滚动，这几位大师都以右侧脸示人，隔着几十年的光阴，深邃的目光望向左侧，恩泽台下的观众。在陈教授之前，是一位来自清华大学的积极心理学教授，讲解了父母对孩子的行为控制及心理控制，介绍了斯腾伯格教授的自我调节测量表。在积极教授之前，是一位图像心理咨询师，介绍了荣格与自画像及曼陀罗之间的关系，讲解了马克斯·卢歇尔的情绪原色理论，他让台下的观众按照自己的偏爱来排列色彩。坐在第三排嘉宾位置的吴思齐想到蓝色，就听到台上的演讲者说，蓝色是内向的、被动的、敏感的，橘色是积极的、进攻性的，幕布上映射出康定斯基的抽象画。这场名为"心理集市"的大会从上午十点开始，开场的是卡巴金的弟子，带领全场观众做正念情绪练习。陈旖旎是第四个上场的，每位演讲者的时间不超过半小时，陈教授讲完，迎来午餐时间。

吴思齐拿着两张餐券，在门口迎上陈旖旎："你要吃饭吗？"陈旖旎说："不吃了。"两人坐电梯上楼，进房间就脱衣服，每次看到陈旖旎讲课，都会激发吴医生的欲望。两人刚脱到半截儿，房门唰的一声被打开了，一位穿酒店制服的女士，手里拿着一张房卡站在门口，看着屋里衣衫不整的两个人，有点儿发愣，连声说着"对不起"退了出去，陈旖旎笑，"要不要一起啊？"房门又重重地关上，吴思齐的兴致被破坏了，穿着内裤躺在床上："怎么定在这儿开会啊？饭也难吃，服务也差劲。"陈旖旎说："我觉得还行。"她脱光了，趴在吴思齐身上，"其实，咱们真没必要每次都订那么贵的地方，我看一些情人旅馆就挺好。"她翻身下床，拿了手机，翻出一个网页递给吴思齐，"你看，这个房间叫满庭芳，弄得挺讲究吧。还有一个房间叫纽约时报，没照片，不知道什么样子，该不是墙上糊满了报纸吧？还有一个叫荷塘月色，也不知道什么样。我们下次去这样的情人旅馆看看吧，一定很有意思，有大圆床，有水床，我还从来没睡过水床呢。天花板上有镜子，屋里有秋千，比五星酒店好玩多了。"吴思齐看手机里的一个日本动漫风的房间，墙上画着阿童木、机器猫和花仙子，他对这些漫画人物没什么特殊的情感，也不知道在机器猫和阿童木的注视下求欢，会是一种什么样的感受。他忽然感到一点儿厌倦。

陈旖旎在床上的节奏略快，半个小时，两人偃旗息鼓。

吴思齐问："下午你还要听吗？"

陈旖旎闭着眼睛："听吧。"

"下午有八个人讲呢，上下半场啊。"

"上半场其实没什么意思，有个讲家排的可以听听。下半场有个讲婚外恋的可以听听，还有一个讲 Cancer Survivor 的心理变化，这个也值得听。那个讲咨询师培训的最没意思，还不如你去讲呢。你讲得肯定比他好。"

"嗯，我可以讲咨询师的获客渠道。"

两人躺了会儿，陈旖旎起来收拾打扮，到楼下宴会厅听讲。吴思齐迷迷糊糊睡了一大觉，再下楼时，正是茶歇时间。他跟着陈旖旎吃了几块饼干，喝了一杯咖啡，入座接着听讲。走上台的是一位干练女子，她用柱状图和饼状图讲未来几年中国需要一百万心理咨询师，讲互联网将给心理学带来怎样的机遇；接着是一位婚恋专家讲婚外恋与自我发现；而后是一位心理医生讲咨询过程中的反移情；最后一位登台者讲癌症康复者心理，她声音发颤，眼睛盯着手中的讲稿，时不时蹦出几个英文单词，在她开口之前，观众已经走了一小半，演讲过程中，不断有观众离席，她讲自己接触的病人，讲她做的团体培训，但始终怯生生的，吴思齐附在陈旖旎耳边说："我觉得就她还干了点儿正经事。"

最后一个演讲者讲完，陈旖旎和吴思齐走出宴会厅，进了电梯，吴思齐问："一个女人什么情况下会忽然换发型呢？从长头发变成短头发？"陈旖旎笑："你又想起杨小诗了？"吴思齐点头："我觉得生病肯定是一个原因。"陈旖旎收起笑容："我可不喜欢这个猜测，她那么漂亮。"两个人离开酒店，去附近一家德国啤酒馆吃饭。吴思齐说，这一天听下来，脑子都晕了。陈旖旎说，你听了八个，我听了十一个，还讲了一个呢。吴思齐笑，明天还有十二个呢，你也要全听下来吗？这可真是个大集市，杂七杂八的什么货色都有。陈旖旎为最后一个演讲者惋惜，说她应该好好练习演讲，也要学会把PPT做得更好，现如今，笨嘴拙舌的人只有死路一条，摩西传播十诫，都要做成PPT，蓝底黑字，第一条，除了我之外，不可有别的神。然后每一条自动翻页——不可杀人，不可奸淫，等等。

两人到啤酒馆坐定，点了酸菜和香肠，穿巴伐利亚裙子的服务员端来啤酒。落日余晖将一道柔光映在陈旖旎脸上，吴思齐愣愣地看着，悠悠地开口："我不愿意说别人得癌症啊什么的，我爸爸就是癌症，肝癌。我爸工作的那个工厂，是从北京迁到山西的，我爸是厂子里的青年工人，我妈是工厂医院的护士。我爸有时去北京，会带点儿果脯回来，我最喜欢里面的青丝红丝。后来，我爸不在工厂干了，总在外面跑，做生意。有一年春节，他回来，给我买了一件棉袄，还有一顶鸭舌帽，说读书的人都要戴一顶鸭舌帽。他自己也买了一顶帽子，说是盛锡福的帽子，北京最好的帽子，水貂皮护耳外翻帽，四百块钱，可把我吓坏了，四百块。那天吃完了晚饭，我爸我妈就吵起来了，我妈说，我攒半年都攒不到四百块钱，你一个破帽子就要四百块。我爸说，我自己挣的钱，我想怎么花就怎么花。我真不喜欢我爸那个帽子，戴上去显得脑袋特大，我爸穿一件破皮夹克，衣服太旧，帽子太新了。不过，我爸喜欢那顶帽子，整天戴着，在屋里都不肯摘下来。他下葬的时候，也戴着那顶帽子，穿着一身新的中山装，戴着那顶水貂皮帽子。"

服务员端来了香肠和酸菜，吴思齐微微一笑："吃肉吧，中午没吃饭，饿了。"

陈旖旎不动："你接着说。"

吴思齐切下一大块香肠，细嚼慢咽："我爸有一阵子养热带鱼，他告诉我那些热带鱼都叫什么，红灯管、红白剑、长鳍玫瑰，他说，你不能笼统地把这些鱼都叫热带鱼，你得一个个地认出来都是什么种，才会真心喜欢它。他还教我怎么挑鱼食儿，他还养过鸟，告诉我怎么用小米粟子鸡蛋和苹果混在一起喂鸟，我爸看鱼看鸟的时候总笑眯眯的，他看我的时候也那样笑眯眯的。后来他老出去谈生意，有时候回家吃饭，跟我妈吵架，也是那样笑，跟我说——别听你妈的，他喝一口酒，嘴角一咧，就那样笑，他说，有一桩大生意马上就要谈成了，你妈不用为钱发愁。不管我妈说什么，他就那样笑，那意思是我现在不跟你废话，等着看吧。我上小学的时候看《三国演义》，总觉得诸葛亮脸上才会出现那样的笑容，曹操大兵压境，诸葛亮把军队布置好，嘴角一定有笑容，就是不太容易看出来。我大二暑假的时候，我爸肝癌晚期，住在太原的一家医院里，我见到他，瘦得不成样子了，我问他，疼不疼，他说，不疼。怎么会不疼呢？可他也不愿意在医院里住着浪费钱，我回北京上学，他就回家了，到冬天就不行了，我回家见他最后一面。我们那地方当时还可以土葬呢，给他装棺材里，我看他最后一眼，我觉得他最后嘴角还是有点儿笑模样，好像一桩大生意最后还是谈成了，幸福平静的日子最后还是来临了。"

陈旖旎还是没动刀叉，她记得吴思齐给她看过一张照片，那是他刚到北京读大学时拍的，吴思齐穿着布鞋，蓝色上衣，头发乱糟糟的，很瘦，眼神里有一股直愣愣的狠劲，他拿出那张照片的时候对陈旖旎说："看我那时多土啊。"好像在说另外一个人。现在的吴医生总是干净体面,与那张照片上的憨厚学生相比,变成了另外一个人。

吴思齐说:"吃吧。"

"你应该早点儿跟我说,说说这些事。"

"我不是特别想说,我说起来会挺轻松的,可这里面有很多琐碎的东西,挺残酷的,不知道怎么就被我给过滤了。"

两人默不作声地吃,吴思齐问:"你知道那种雷锋帽吗?"他在头上比画着,"有护耳,平常系在上面,也可以放下来保护耳朵。你知道那种帽子的正式名称吗?"

陈旖旎摇头。

"那叫羊剪绒护耳外翻解放帽。我后来有一次路过王府井,去盛锡福店里转了转,那里挂着很多帽子、裘皮帽、螺纹帽、土耳其帽、豹纹帽、水貂皮的帽子。那服务员问我,哟,您来了,您看点儿什么?"

"嘿,我们一会儿去逛逛商场吧,我好久没逛商场了。"

"好。"

"我这次演讲,主办方给了我几千块出场费,我想送你一件礼物。"

"为啥?又不是新年又不是生日。"

"就是想送你一个东西。"

两人吃完饭，去了燕莎商场，一层香气弥漫，服务员手持香水喷洒到空中，电梯边上摆着美诺洗衣机烘干机，上到四楼，柜台上摆着明晃晃的咖啡机，各式电脑各种望远镜，服务员比顾客还多，一个个百无聊赖地站着。陈旖旎拉着吴思齐到钢笔柜台："我想好了，我要送你一支笔。"柜台里有美国的派克、法国的威迪文、德国的百利金、意大利的万特嘉，吴思齐细细打量，有一个特殊的展示柜，里面放着一支笔，那是意大利AURORA教皇系列限量版，黄金笔帽上有两个罗马教皇徽章，笔冠上镶嵌着一颗白色玛瑙。陈旖旎吐了一下舌头："你该不是看中这个了吧？"吴思齐笑："没有，我就知道派克不错。"他们挑中了一支派克，拿出来在纸上书写，笔尖在纸上的触感让吴思齐有些不适，"好久没用钢笔了。"

　　走出商场，吴思齐说，我们再走走吧。平常他们都是在酒店缠绵一晚，因为"心理集市"明天继续，他们要多消磨一晚。吴思齐手里拿着钢笔盒，盒子上缠着一条白色的丝带，陈旖旎手里拿着一瓶墨水，两人沿亮马河散步，河边有几位垂钓者，笔直地站着，盯着那一汪死水，收音机里传来单田芳的声音，不知说着哪一年的战事。他们走到启皓写字楼下的河岸剧场，找了个座位坐下来，不时有孩子乘着滑板车从面前经过，河边树下有一个老妇人在锻炼，用后背不停地撞击树干，她撞得很用力,似乎不甘地抗拒着衰老。

吴思齐轻轻叹了口气:"今天听太多人胡说八道了。"

陈旖旎笑:"明天还要听。"

"他们太有信心了。我是越干越没有信心了。"

"你只要有耐心就可以。"

两人在河岸剧场坐着,听着越来越强的风声,柳树和杨树的枝叶都随着风摇摆,雨点落下来,路上的行人都加快了脚步,垂钓者收起了鱼竿,陈旖旎站起来:"我们要不要再去喝点儿?"吴思齐也站起来:"回去吧。"

22

望京15号线地铁站和14号线地铁站之间,有一个农贸市场,每天买菜的人和赶地铁的人在此会集,刘棣的苍茫中年在这里撞上了他的青春。那一天他骑着一辆橘色的单车去14号线地铁站,在农贸市场门口,一辆蓝色的单车逆行,迎面而来,"刘棣!"来人大叫。刘棣停下,认出是一位大学同学,当年的名字叫安吉拉包,但男同学都管她叫老包,有人还把包读成二声,加上儿化音,刘棣满脸笑容:"哎哟,怎么在这儿碰上你了。"老包往左手边一指:"嗨,我搬到这边了,东湖湾,听说你也住望京,没想到大街上碰上了。"

"你来买菜啊?"

"是啊,你上班去啊?"

一辆汽车在他们身边鸣响喇叭,两人靠边,把单车锁好,大片的共享单车堆放在人行道上,刘棣随口念叨:"这车真不好骑。你那小蓝车是不是好点儿?"

老包指着橘色单车:"你得找那种有车链子的车,你看这种车,没有车链子,不知道他们发明的什么新装置,可能是怕别人拆车链子,骑着特别费劲。"

刘棣看看左右的单车:"我倒是第一次注意到。"

老包脸上有宽厚的笑容,像是给孩子讲明白一个道理,孩子欣然领悟之后,妈妈脸上浮现的笑容。她关切地问:"你最近怎么样啊?"

"挺好,挺好。你怎么样啊?孩子上学了吧?"

"是啊,就是因为孩子上学,我才搬到这边来的,孩子在北皋那边上学,我每天送他上校车,来这儿买点儿菜,然后再去锻炼锻炼。然后就该给孩子做饭了。你怎么样啊?"

"挺好。"除了这两个字,刘棣也不知道再说什么。

"那挺好,人到中年,没离婚,没失业,挺好。"

刘棣略感不快,刚聊两句就告别了。可分手之后,刘棣回味老包那句"没离婚,没失业"。唐娟搬到倪乐乐那里去了,一个月前,他发短信给倪乐乐,说要去看看唐娟,倪乐乐回信,她最近刚平静了一点儿,你还是过些日子再来吧,省得刺激她。两周之前,他又发短信问倪乐乐情况如何,倪乐乐回信,她最近不太好,等她稍微平静了你再来吧。刘棣知道,很快倪乐乐就会变一种口吻跟他说,嘿,从来没见过你这样不负责任的,把你老婆送到我这儿,一个月都不来看一眼!他知道倪乐乐肯定会这样指责他,却也懒得搭理。他宁愿这种不闻不问的状态继续下去,也许过两天,他那个抑郁的老婆还会被送回来。不过,他会离婚吗?这倒是一种解脱。他会失业吗?他从前没担心过这个问题,以为电台那份工作能维持到他退休,他知道自己不会发财,却也衣食无忧。他没想过离婚、失业,但这两个词被安吉拉包的臭嘴说出来,一下子变得真切了,他可能很快就要失去唐娟、失去工作了,这局面就在不远处等他。

同时,刘棣还有另一种奇怪的感觉,他以后不会再见到老包了,人海茫茫,他们相隔得不远,每隔一段时间,也会有人召集同学聚会,他们各自性命无忧,都会健康地再活几十年,但就是再也不会遇上了。若干年后,如果他还记得老包,那他们见的最后一面就是在望京农贸市场的入口处,老包告诉他，有车链子的单车更好骑。当然，他也会记得更浪漫的一幕，1997年香港回归之前，历史博物馆前竖起一个巨大的倒计时钟，刘棣和老包去广场玩，在那个时钟前，他提议说，咱们接吻吧，看看能吻多长时间。他们的嘴贴在一起，眼睛闭上，好像有点儿眩晕，周围变得格外安静，那是他们唯一一次接吻，老包的嘴唇有点儿厚，湿漉漉的，刘棣后来回想，总忍不住舔一下自己的嘴唇。他们睁开眼，再看那个倒计时钟，才过去两分钟多一些，刘棣对安吉拉包说，你看，我们在历史长河中留下了一个吻。那时候的刘棣太多情了，跟老包闹着玩，吻了老包之后，又勾搭上了俄语系的安娜，在阶梯教室里跟安娜卿卿我我地学了一阵子俄语，他倒不是成心要伤害安吉拉包，只是无意地随手地伤害了她。

几年前，刘棣参加过一次大学同学聚会，有两个同学从美国回来，有两个同学从加拿大回来，当年的团支书订了一家淮扬菜馆，同学们来了二十多个，有两个已经鬓发稀疏，露出了老态。刘棣和老包一笑泯恩仇，老包喝了两杯酒后跟他说："你非常操蛋，你是一个很操蛋的人，你知道吗？"刘棣点头："是，我非常操蛋。"聚会结束没两天，刘棣收到了老包的电子邮件，上面写道："我从你的眼睛中重新看到了渴望，不管你渴望的是什么，我都愿意面对和承担你的渴望。"

这封邮件有两三百个英文单词，刘棣就记住了这句，他心中暗骂，老包你的酒怎么还没醒呢！他讨厌同学之间用英语写邮件，没有及时回复，或者只是敷衍地回复了一下。他有意重启这段同学之谊，却没采取什么实际行动。两个大学同学，在一次聚会之后开始约会，弥补过去的缺憾，这不符合刘棣的原则，他相信自己还不到时时回望的年纪，他相信还有年轻的女孩儿等着他。没过多久，那个Gmail邮箱登录不上去了，刘棣改用了新的邮箱。

　　在望京的街上见过老包之后，刘棣换了个VPN，重新登上Gmail，却找不到安吉拉包的那封邮件了。他想破除那个"最后一面"不祥的预感，人们总说来日方长，好像每年都有同学聚会，每年都有同学从北美回来安排一两次饭局，但好像来不及说点儿什么，嗖的一下就过去了几年，嗖的一下人就老了，就变得更老了，人不是一点点变老的，是一个阶段一个阶段逐渐塌陷的，像一块风化的石头，看着还是那样子，有不易察觉的裂纹，从远处看，还是一块石头，但就是没有风采了，眼神中再也没有渴望了，然后就变成碎石头了。班里有一个女生已经患病去世了，刘棣可不想多年之后，回想起他和安吉拉包最后见面是在大街上讨论哪一种共享单车更好骑，他想赶紧再见一次安吉拉包。他从班级的微信群中找到老包，添加好友，发消息过去要再见一面。老包爽快地答应，她每天上午送孩子上校车之后，经常去奥森公园走上十公里，她说，"你跟我走走吧，两小时十公里，咱们一边走一边聊。"

刘棣和安吉拉包又在地铁口会合，坐地铁到奥森公园，太阳明晃晃的，安吉拉包灵动的双眼如少女一般明媚，就是上眼皮有点儿松弛了，进了公园，她打开腰包，掏出一个小塑料袋："嘿，我家楼下有个护国寺小吃店，我刚才买了两个炸糕，你要不要吃一块？我早上送孩子上学都没吃早饭呢。"她递过来一块炸糕，刘棣接过来，炸糕堵上了两个人的嘴。路过一个池塘，传来几声蛙叫，刘棣停下来听，安吉拉包说，春天的时候，蛤蟆特别多，整个公园有几万只蛤蟆在呱呱地叫，但不知为什么，春天一过，蛤蟆的叫声就少了，那些蛤蟆都去哪儿了？头一公里走完，炸糕也吃完了。老包把塑料袋扔进垃圾桶，加快速度，挥舞两只胳膊，如风摆荷叶，婀娜多姿。

"嘿，我记得你跟俄语系那个姑娘谈过一阵儿，她叫什么来着？安娜！她现在怎么样？"

"不知道啊。"刘棣想着安娜，香港回归那天夜里，学校里的电视屏幕都在转播回归仪式，他和安娜在小树林里亲热，四周好像被电视屏幕包围着。那时候真是年轻又莽撞，在操场上，在树林里，在教学楼的楼顶，那种露天性爱别有洞天，后来，在鼓楼，他和唐娟也曾爬上别人家的屋顶，轻轻地不让脚下的瓦片发出声响，他坐下，唐娟撩开裙子坐到他的身上，开始缓缓扭动，他们静静地听着夏夜的蝉鸣。那场景跟更久远的记忆混在一起了，唐娟被推远了，带着一股槐树花的香味。

"你当时可是学校的风云人物，那么多姑娘围着你转。我还记得你们乐队在礼堂演出，你们是不是唱了一首披头士的歌啊？好多女生尖叫。"老包走得虎虎生风，"有一年圣诞节，有一个什么天爱乐团来学校演出，唱《哈利路亚》之前，那个指挥说，听这首歌要站起来，是德国皇帝还是英国女王来着，听这个歌就站起来了，你当时坐在第七排，你就站起来，好多人都坐着，不站起来，嘻嘻哈哈的。你现在还听那些宗教音乐吗？《弥赛亚》《马太受难曲》？"

"还听。"刘棣盯着老包的两条腿，那两条腿紧绷绷地包裹在一条黑色健身裤中，一旦裤子脱下，屁股上的肉和大腿上的肉就会放松下来，也许会呈现出一两块橘皮组织。

"你那时候真是一个特立独行的人。你没怎么变。真好。"安吉拉包说。

"托尼怎么样？听说他发财了。你跟他还有联系吧？他也从来不参加同学聚会，是不是发财了的人都这样啊？生怕别人管他借钱。"安吉拉包继续说。

刘棵不想叙旧，他想启动一下对安吉拉包的情欲。这本是岁月留给他的应许之炮，他们应该在香港回归之前就完成一场性事，或者在三四年前，在安吉拉包发来那封邮件之后。然而，错过的时机就不再出现了，他们不可能回到当年的情景中去，每多说一句往事，就会多一句提醒，青春早就过去了，能对青春时期做补救的机会也早就过去了，现在他们是两个疲惫的中年人。老包走在前，掏出手机对准一株植物，而后转向刘棵说："这是千屈菜，我用这个软件认识好多植物了，那个是接骨木，我们刚才路过的那一片是草木犀，我们待会儿去那个沉水走廊看看，设计得可好了。"

刘棵问："你孩子上几年级了？"

像切换了一个频道一样，老包开始喋喋不休地谈论孩子，她的儿子喜欢虫子，在家里养了好几只甲虫，她的儿子喜欢画画，她的儿子开始学编程，她的儿子将来该去英国留学还是去美国留学，特朗普总统会对留学生政策有什么样的影响。刘棵想，那封 Gmail 里消失的邮件是怎么回事，四五年前，她的孩子正上幼儿园，为什么这个妈妈会发一封邮件，说眼神中的渴望呢？那封邮件到底还说什么了？来的时候，他想问问安吉拉包，但此时他的好奇已经没了。他听着老包聊股票，讲解该如何从低迷的市场环境中觅得赚钱良机，讲她持有的茅台股票，然后说："对了，我最近进了一批王茅酒，也是茅台镇出的酒，味道跟茅台差不多，可比茅台便宜多了，你要不要买点儿？你周围应该有不少喝白酒的中年人吧，后备厢里装上几箱白酒，逢年过节就给人送酒去。你电台节目里干脆给我做点儿广告得了，你就方便的时候顺口提一句，现在知道王茅酒的人太少了。"

"我的节目停了，我马上就辞职了。"刘棣顿了一下，"我也要离婚了。"

"没事儿，你才四十出头，正是男人的好年龄，女人到了四十真是没啥办法了。"安吉拉包昂首阔步，刘棣紧紧跟上。那天下午他跟着安吉拉包在奥森走了十一公里，回到家胡乱吃了口东西就睡了，入睡的时候，他想着，这辈子再也不会见到安吉拉包了，他们最后一次见面是在奥森公园，走了很长的路，那个公园树木繁多，有机会自己再去走一走。睡醒的时候，手机有一条未读的消息，是唐娟发来的，写的是"我们算了吧"。这好像是一道特赦令，刘棣没有回复，却立刻约了一个叫小葵的姑娘在三里屯太古里一家日本餐厅见面。

他印象里小葵的面目已经有点儿模糊，等见了面，小葵的面目更有点儿模糊。她脸上的妆容精致，但看上去总觉得模糊，像是照相机对不上焦，刘棣盯着小葵的脸看了半天，小葵用菜单拍打他的头："看什么看啊，不认识了？"一年前，英国歌手詹姆斯·布朗特来北京演出，刘棣去威斯汀酒店采访，他背着录音设备进大堂，小葵喊住了他，刘棣有点儿惊讶，没想到自己能在公众场合被人认出来。小葵怯生生地问，你是要去采访詹姆斯·布朗特吗？是啊，刘棣回答。小葵从包里掏出几张CD，能让他给我签个名吗？刘棣带着那几张CD上楼，和布朗特聊了二十分钟，然后请布朗特签名，告诉他，这是送给一个女孩儿的。布朗特非常贴心地在CD封套上写下了You're beautiful。刘棣下楼，把CD交给小葵，小葵看到签名，把CD贴在胸口，几欲落泪。布朗特演唱会结束那天，小葵和刘棣一大帮人去吃夜宵，此后他们在手机上问候，但一直没见面。小葵点菜，夹杂着一堆日语词，点完之后问刘棣，我们喝点儿酒吗？刘棣说，好啊，喝点儿。小葵拿起酒单，扫了一眼，对服务员说："还是濑祭吧。大瓶的。"服务员接过酒单菜单，面无表情地走开。出于播音员的习惯，刘棣想纠正一下小葵的发言，那应该是"獭祭"，"獭"不是"濑"，话到嘴边又咽了回去，小葵说得那样自然流畅，搞得刘棣也有点儿疑惑，不敢确定那个字到底是念"獭"还是"濑"。

"你是不是老去日本玩啊？"刘棣问。

"是啊，我上个月刚去过，下个月准备再去一趟，去东京看花火大会。"小葵用湿纸巾擦手,"你怎么样?还在电台呢?"

刘棣听到"电台"两字觉得有些刺耳,好像是一份见不得人的工作。

餐厅的墙壁上挂着几张日本漫画,陈列柜里摆着手办,刘棣搓搓手:"我看你天天就是玩,去日本,去清迈,你靠什么挣钱啊?"刘棣是真的好奇,节目停掉之后,他猛然发觉,每天去播两小时的歌,随便说几句话,有人就给你一万多块钱,他现在可以说更多的话,但没人会因此就给他一万块钱,他看到每个人都在花钱,去各处旅行,买东西,他们是怎么挣钱的?没人说,也没人问。他看着端上桌的那一小块金枪鱼,大概是七八十块钱吧,那一小碟芥末章鱼,也要二十多块钱吧。端上桌的活鱼刺身,身体被切成了鱼片,鱼眼睛还睁得溜圆,鱼嘴巴还在一张一合,那条鱼要看着自己身上的一片片肉被夹起来,每片肉也要十几块钱吧。

刘棣很快明白,小葵答应这次约会,并不是要和他叙旧,她只是想让刘棣看到她现在活得怎么样,她讲日本旅行的见闻,讲城里新开的家具店和甜品店,告诉刘棣这顿饭吃完她要去四季酒店和闺密喝下午茶,她极力对她所谈论的享乐摆出一副安之若素的架势。刘棣回想,那次布朗特演唱会的夜宵结束之后,是他打车送小葵回家,去东四环外大郊亭那边,密密麻麻的高楼，道路狭窄，坑坑洼洼，路边的垃圾桶散发着臭味，小葵指挥着出租车七拐八拐，到了楼下，她在车里磨蹭了几秒钟，似乎等着刘棣送她上去，可刘棣那天像个圣人一样，跟她说，早点儿回去休息吧。小葵下车，天上掉雨点儿，她把外套罩在头上，高跟鞋扭了一下，身子一歪又迅速摆正，一年前的小葵还怯生生的，现在的小葵无一丝一毫的窘迫，爽快地吃肉，爽快地喝酒，刘棣倒有点儿不胜酒力，起身去卫生间，在镜子前面看着自己涨红的脸，不断用凉水拍打，等他回到饭桌边，看见小葵正在结账。他可没想着让小葵来结账，再说，这顿饭刚吃了一半，还没到结账的时候。他赶上去说，我来，我来。小葵笑，我结完了，你慢慢吃，不着急呢。刘棣看服务员离开,盯着酒瓶子说,这个字念"獭"，不念"濑"。小葵一脸困惑，是啊，"水獭"的"獭"，你是播音员，不会念错的吧？刘棣一下疑惑了，刚才点菜的时候，她是不是把这个字念成了"濑"？到底是她念错了，还是我听错了？他哈哈一笑："这日本酒的名字真有意思，有的叫一滴入魂，有的叫焚身以火，你说这獭祭是什么意思？"小葵摇头："不知道，回头我问问。"

　　刘棣的身体里有一个过于灵敏的信号接收器，不放过任何一个微弱的求欢信号，那些信号不过是别人头脑中的一闪念,但刘棣总是能敏锐地捕捉到。一年前,他能从小葵那里接收到求欢信号,现在他把自己接收器的敏感度调到最高,也什么都接收不到了。他听着小葵讲旅行见闻,想起他和唐娟去过一次日本,在浅草寺附近,两人一起看了一场脱衣舞表演,日本的脱衣舞跟西方是两个套路,舞台上漆黑,只有一束光打到演员身上,演员穿和服,穿着白袜子,脱衣的环节是从袜子开始的,她脱下袜子,缓慢地解下腰带,解下背后那个小枕头,打开衣襟,像是在展现和服的结构,她精心地叠放自己的衣服,最后赤裸地站在灯光中,没有任何挑逗的动作,就直挺挺地站着,像一尊塑像,灯光将演员浑身上下照得雪白,无一丝瑕疵,周围全是黑色,只有那身体洁白发亮。刘棣坐在榻榻米上,对面的小葵消失了,周围变得一片漆黑,远处有一个洁白发亮的裸体女人,好像正要死去。他张嘴想说什么,却打了个哈欠。

23

隔着玻璃窗,托尼看见护士把女儿抱到尿布台上,护士小心地打开女儿身上裹着的小被子,女儿四肢舞动着,护士用手臂托起那个小小的人,手掌张开,放在她的脖子下面,她身上还有一些黄斑未褪去，托尼注视着护士的一举一动，自己的手臂也在模拟着做出相同的动作，轻柔地抱起孩子，伸手测一下水温，给她洗澡。护士打开水龙头，将小女儿放在水流之下。她赤裸的身体展现在托尼眼前。边上还有一个护士在给一个男婴洗澡，托尼瞥了一眼，再回头看女儿，有那么一瞬间，他觉得这个小人裆下少了个东西似的，这念头一闪而过，却异常强烈，托尼坚信自己喜欢女儿，坚信女儿比儿子更好，但看着刚刚出生十天的女儿，竟有一种异乎寻常的担忧。他看着女儿被放到毛巾上擦拭，看着护士帮她伸展四肢，只希望女儿总能被这样温柔相待。

女儿洗完澡，护士将她放进推车推出来，托尼接过车，走向月子中心的休息厅，那是一个挑高七米的大厅，阳光从巨大的窗户照进来，托尼坐到一张沙发上，小女儿哼哼了两声，睡着了。托尼看着女儿的脸，咧嘴笑着。大厅里空空荡荡，只有托尼和女儿置身正午的阳光中。手机轻轻一颤，是刘棣发来的一条消息——"当爹的感觉怎么样？"托尼回复——"很好，眼里再没有其他女人了。"刘棣很快回复——"哈哈哈。"托尼发愣，他确信刘棣没有听懂他的话，肯定把他的话当成玩笑，这个刚刚出生十天的小娃娃，怎么就是女人了呢？在刘棣的字典里，女人是指那些年轻漂亮的姑娘，但在此刻的托尼看来，面前这个小家伙是女人，躺在房间里吃月子餐的妻子是女人，深夜教他们怎么喂奶的护士是女人，走廊里打扫卫生的那个大妈是女人，托尼心中泛起的柔情被这轻浮的"哈哈哈"惹恼了，他放下手机，懒得多说，以后姑娘长大了，一定要躲开这样粗鄙的男人。

此时，刘棣躺在床上摆弄手机。他跟倪乐乐约好下午见面，要确定一下时间和地点。他不知道倪乐乐要说什么，也不太愿意去面对，头天晚上他写好了一封辞职信，想在适当的时候交给电台领导。他拿起笔寻思了半天，字斟句酌，最后只写了十来个字，因个人原因，我辞去在电台的工作，望领导批准。他好像有很多要说的，可最终写出来的，不过这两行字。他靠在床头，打量他的唱片柜，这些日子他通过各种渠道已经卖出去不少唱片，柜子上大半都空了。起初他还有点儿犹豫，卖哪些留下哪些，算计哪些赚了哪些亏本，可一旦开始，柜子就会自动清空，空当越来越大，那些唱片发现自己不再有稳定的归属，就会自动离开，乘着音乐的翅膀，唱片不过是载体，柜子不过是载体。刘棣盯着那柜子，当初是他找来木匠，画出草图，定制了这个柜子，如果上面的唱片都消失了，这个柜子也很快就没用了，变成一堆废弃的木头，它会从这个房间里消失。整个房子好像由此进入离散的状态，房子里的女主人消失了,很快,那个男主人也会消失。刘棣预感到自己不会在这里久住了。

他起床,走到客厅,那里有一个大书架,上面几乎都是唐娟的书,客厅中间摆着一张长条桌子,那是饭桌,也是唐娟写毛笔字的地方,桌子边上有一个蜂蜜色的柜子,柜子的背板上写着"斯德哥尔摩"的字样,这是从倪乐乐手中买的。柜子里放着许多漂亮的玻璃杯,有的是用来喝啤酒的,有的是葡萄酒杯,还有几个香槟杯,还有几个彩色的玻璃杯,这些杯子是唐娟买回来的。刘棣克制自己不要去碰,好像一经他的触碰,那些玻璃就会破碎。他走进唐娟的房间,自打那天夜里唐娟被倪乐乐接走之后,他就没走进这个屋,好像害怕什么或者忌讳什么。此刻他带着一种告别的心情走进妻子的房间,一张床,一个写字台,写字台也是从倪乐乐手里买的,桌面很窄,应该是叫作"秘书台",唐娟不喜欢外面的大桌子,她喜欢在这个小小的写字台上工作,台面上有一个小书架,放着几本书,写字台前有一把木头椅子,椅子背上挂着一个薄薄的蕾丝边儿的胸罩,刘棣总不太明白,唐娟那么小的胸,为什么总要买那么多胸罩呢?有一阵子,唐娟只要出门,回到家第一件事就是把手伸到衣服里,掏出胸罩,随手一扔。刘棣可以计数,从她进门开始,一、手伸进衣服,二、解开胸罩，三、掏出来一扔，走到哪儿扔到哪儿，桌子上，沙发上，或者水槽边上，灶台边上。一二三屡试不爽。似乎她带着一件武器，别着手枪的枪套，回到家就把武器解下来。

刘棣拿着唐娟的胸罩，坐到椅子上，写字台的小书架上摆着几个丑陋的娃娃，唐娟每次写剧本，都会买几个娃娃放在身边，把它们当成剧中的角色，书架上有几本书，一本《中国狐仙故事大全》，一本《神仙谱系》，是她的参考书，书页泛黄，是她从孔夫子旧书网上买的。有一本崭新的书，书脊上写着《抑郁症诊疗手册》，刘棣拿下来看，这是一本汇编类的图书，其中有几个抑郁症患者讲述自己康复的过程，有几处画上了浅浅的铅笔道儿，看来唐娟看过这本书，想从中获得一些诊疗方法上的建议。刘棣翻了翻，读了几段，看其中一位患者从确诊到疗愈两年的过程，他想，两年也还好吧，不算太长。两年后唐娟也可以继续写作了，甚至可以把自己治病的经历也写成一本书。对她来说，得病好像是一段值得炫耀的经历呢。

此时，在倪乐乐家里，两个女演员也在为下午的约会做准备。倪乐乐家在一楼，有一个二十平米的小院子，她用大盆栽搭成一堵围墙，再种上花花草草，院子里有一把遮阳伞，有一张躺椅。她把两室一厅的房子改成了一室一厅，只有一间卧室，唐娟住进来的时候，倪乐乐问："你要跟我睡吗？"

唐娟指着客厅的沙发说："我睡在这里就可以。"她告诉倪乐乐，她打算卖掉房子，回浙江，她当初到北京是想过波希米亚式的生活，现在她打算回到江南，写毛笔字画画学古琴。她睡在沙发上，像一只猫，天蒙蒙亮就起来，坐在院子里看书，等阳光强烈后，就回屋准备早饭，每天的早饭都差别不大，煎鸡蛋、面包、奶酪、牛奶。倪乐乐起床吃完饭，洗漱，对着镜子化妆，卫生间的门敞开着，倪乐乐扯着嗓子说："导演，你对第二幕有什么指示吗？"

"我没什么要说的，第二幕你是主角。"唐娟大声回复。

倪乐乐走出来："我还挺兴奋的，居然要演主角了。"

唐娟靠在沙发上，茶几上有几颗大山楂丸，她眼皮不抬地说："你也不用太兴奋，放松一点就好了。你是天生的演员，对一个普通演员来说，舞台上那两三个小时是最紧张的，剩下的二十多个小时，他都可以放松。对你这样的天才演员来说，舞台上的两三个小时，是你最放松的时候，剩下的时间你才会无聊、焦虑，你一上台，就进入状态了。"

"你是在夸我吗？我觉得你是在夸我。"

"我当然是在夸你了。你比我演得好，第一幕我演得不够好，我太没耐心了。"

"是啊，按理说，是应该你把他轰出去，结果他没轰出去，家眷接我这儿来了。"

"第二幕你要力挽狂澜。"

"你的底线是什么？你告诉我一下。"

"我的底线就是离开他。离婚，哪怕房子卖了一人分一半钱，我肯定要离开他的。"

"去你大爷的，一人分一半，那我们瞎折腾什么呢？你放心，我会把房子给你要过来的，我还真不怕跟人撕。"

"你不了解他，他不会跟你撕的，充其量就是躲着你。他有一点特别好，他是浪漫的人，他不喜欢房子，他喜欢那些注定要失败的事。你看当初我搞小剧场，他就特别喜欢。他不喜欢我写剧本，至于能不能挣钱，他不是特别在意。他不会照顾一个生病的人，他不会和人太亲密，其实，孤独终老是他最渴望的结局。他不愿意照顾我，也懒得过问，不是他坏，也不是他不善良，就因为他是个孤独的家伙，你看他到处睡，就是缓解一下孤独。他不会为钱纠缠的，他害怕人与人之间的麻烦，谈钱就是最麻烦的。你不用咄咄逼人，他是个很好的人。"

倪乐乐拿着一条裙子，站在穿衣镜前面："我看你演的是人鬼情未了啊。"

唐娟走过去，帮倪乐乐扣上裙子背后的纽扣："你不觉得孤独终老挺美的吗?到一个公园里坐在长椅上晒太阳,注视那些忙忙碌碌的人,孤独地面对自己的痛苦。现在他要做的不过是放弃那种会有人与他共苦的幻觉,我已经放弃这个幻觉了,他也会放弃这个幻觉的。这就是我们要分开的根本原因,这个原因值得用一出戏来呈现。他真的是个好人,并不是说他是一个好丈夫,他是一个难得的好人。你看现在的人们总是过高地估计自己的价值,都觉得自己有才华,都觉得好事应该归自己,觉得自己应该得到更多,得不到就愤愤不平。他不一样,他羡慕别人的好运气,但认定自己不会有什么好运气。他不贪婪,也不会因为欲望太多睡不好觉,顶多就是对陌生的身体有点儿好奇,他觉得那是最深刻的交流,实际上不过是最肤浅的关系。你看看我们,处于一个多么缺乏耐心、缺乏自省的时代,有这么一个浪漫的人多难得。我们会骂人,会贬损他人,会对好多事情愤怒,别人走狗屎运了,我们说话就酸,就夹枪带棒,还爱慕虚荣,总是担心钱,总是担心自己不够美。"

唐娟给倪乐乐涂口红:"别动。我们暗暗较劲,患得患失,他听听音乐,看看书,沉浸在自己的世界里,他怕失去房子吗?不,他怕失去的是片刻的温存,那点儿温存鼓励他,以后可能没多少人愿意再和一个中年 loser 上床了,这才是他最担心的事情。他要接受这个事实，失去一种欢愉的能力，这才是他最痛苦的事，比失去一个房子要严重。他可能会顾影自怜，但慢慢也就能走出来，兴许他能找到新的安慰。我们不能指望别人做出多大的改变，本性难移，以后十几年几十年，他还会按照自己的意愿生活，他现在想要的就是寻找新的可能性，轻松地走到别人身边说，我想跟你上床。这是多么轻盈的一个要求。"唐娟把口红插好，放到倪乐乐手里，站到她身后，打量穿衣镜中的人影，"一切已成定局的事都没意思。他是个永远葆有好奇心的人，他的冒险就想在床上进行。他很快产生兴致，又很快厌倦。摆脱不了欲望的羁绊，应对不了生活的枯燥，如果谁怀着怜悯之心打算慰藉他的无助，起先他会欢迎她，后来他会厌倦。他在追寻什么也就是在逃避什么。他是一个无用的诗人，在水面上没有留下涟漪，在镜子里没有留下影像。我决意离开他，然后就对他充满柔情蜜意。爱消失的时候，是爱意最浓的时候。"

倪乐乐作势鼓掌："你这段人物分析真不错。我看你写了那么多剧本啊大纲啊人物小传什么的，就你自导自演的这一出最牛。就是观众太少了。"

倪乐乐出门的时候，杨小诗正在首都机场过安检，她把手机、护照、登机牌放到箱子里，走过安检门，伸开手臂，站在台子上，安检员看着她说："你好高啊。"杨小诗把手臂伸得更为舒展，像是在游泳池边。安检员微微一笑，露出白白的牙齿。杨小诗去拿登机箱，拿登机牌和护照，她发现手机上有好几条未读的短信。她加快步伐往前走，找到自己的登机口，那是去东京的航班，她要去有明医院做一次癌症复查，她会住在一家五星级酒店里，打算去附近的青山路口转转，再去 AXIS 大楼里看看，这是她病愈之后第一次出门，杨小诗想着，以后几年都要去有明医院检查一次，顺便安排在日本的旅行。航班将准时起飞，杨小诗上飞机，落座后她准备关掉手机，发现那一串未读消息中有一条来自托尼，那个名字早被她从通讯录中删去，但那个包含着好几个"6"的电话号码实在太俗气了，"你还好吗？有什么要我帮忙的，请告诉我。"杨小诗嘴角露出轻蔑一笑，他知道什么了？得病的消息泄露出去了吗？也许这只是他表示的一点点善意？她关掉手机，感到一阵轻快。

那天下午三点，倪乐乐和刘棣在望京一家星巴克见面，两人落座后都略有些局促，倪乐乐问："你的焦虑症好点儿了吗？我倒是有点儿理解你了，是会焦虑的啊。"她叹了口气。

"我好多了，现在睡觉好多了。"

"那看来分开对你们都有好处啊。"倪乐乐直奔主题。

"她怎么样？没有再——"刘棣不知道怎么措辞，胡乱比画了一个手势。

"她还好吧，她又没疯。就是有点儿太平静了，一天也说不了几句话，你知道我这个话痨，忽然家里多了个人，还整天不说话，让我觉得有点儿怪怪的，就像家里有一个黑洞似的，悬崖似的，好像待在家里一不小心就掉进去了，本来家里是最安全的地方，现在老提心吊胆的。你说把她送回老家去吧，也不知道该送给哪个爹哪个妈，就这么孤苦伶仃一孩子。一年三百六十日，风刀霜剑严相逼，生生要把我给变成磨刀石啊。你说，你怎么没早点儿发现呢？你要多关心关心她，可能也不至于就抑郁了。我不是指责你啊，我知道这是她自己的问题，也得靠她自己慢慢恢复。可我真不知道以后怎么办，她就是靠写字为生的，要是以后写不了了，那她能干什么呢？也不知道她什么时候能恢复，真是急不得恼不得。我倒是有点儿恐慌了。"

"我前些日子收到她发来的一条消息，说我们算了吧。她是要跟我分开吗？"

"我劝她别分，现在这种情况，我也不知道该说什么。你是怎么想的啊？"

"我对不起她。"刘棣低下头。

倪乐乐盯着他看:"哈,你倒是会说话,你也不问她吃得怎么样,睡得怎么样,是不是按时吃药,有没有去医院复诊,来一句我对不起她,听着像句人话,实际上就是不管不问。"

"她吃得怎么样?"

"挺好。"

"她睡得怎么样?"

"挺好。"

"我当然关心她,希望她好。可我从电台辞职了,未来几年也不知道该干什么。她应该还有一些钱,我们只有一处房子,如果她要分开,房子给她,当初就是她首付的,是我办的贷款,房子给她,别的我也没什么了。我看那房子能卖出去,现在那边搬进来好多公司,什么阿里巴巴浦项制铁,好多人要在那边买房,楼底下天天都是中介带着人看房,就跟住在一个交易所里似的。不过,我还得在那儿住上一段时间,等我找到地方,立刻就搬走。"

"你要搬哪儿去呢?"

刘棣眼望半空发呆:"以前北京电视台有一栏目叫《京郊大地》,整天拍昌平、平谷啊这些地方,我还挺爱看的,我想到顺义、昌平找个村子,那边的房子很便宜,五六万就能租一年,挺大的院子。要是多花点儿钱,院子就更大。我其实很早以前就想搬到农村去,我到村里养条狗,看看我能干点儿啥,也许做个播客啥的。有个话筒,有个电脑,就能干活儿。"

"这倒不错。我也认识几个搞艺术的,住在兴寿那边,我还去过桃峪口水库那边一个画家的院子呢,种了好多绣球花,那品种叫贝拉安娜,可漂亮了。看样子你都想好了?"

"是她提出分开的,她不会拿这事开玩笑。说实话,我以为你今天带着一份协议来让我签字呢。你带电脑了吗?你现在写一个,打印出来我就签字。"

"我回头写给你。"

"好。"

倪乐乐有点儿愣,她本以为要进行一场艰难的谈话,没想到一杯咖啡喝完,协议都要达成了。她预想了很多种不顺利的状况,却不料谈得太顺利了:"那我们就聊到这儿?"

"好啊。不过,我还有几句话,也不知道以后还有没有机会说,不如现在就说了吧。"

"你说。"

"我七年前见你第一面的时候,挺想跟你上床的。但这事儿不能说,一定要压抑着。现在好了,我可以说了。"

倪乐乐站起来:"你想得有点儿多了。"

那天午后,天气炎热,傍晚忽然下了一阵雨,雨过之后,天上有一道彩虹。街上的行人都拿着手机拍摄彩虹，吴思齐从工体东路走到团结湖地铁站坐地铁，他沿着长长的扶梯下去，在安检口看见一个高大的男人，拎着一个巨大的塑料袋子走在前面，袋子上写着"简易按摩床"五个字，吴思齐认出来，那是给他做过足底按摩的特级技师，身高一米九六，可能打过篮球。他不知道那位技师的名字，但他赶上去打招呼："嘿，你好，你是不是在工体北路那家店干过？你还记得我吗？我老去你们那儿。"高大技师满脸堆笑："我现在自己干了。"吴思齐指着他手里的装备："你这是一张按摩床吗？经得住你的力气吗？"高大技师笑："没问题，躺上去一个两百斤的，一点儿问题没有。"他掏出一张名片递给吴医生，"你扫这个二维码，预约，我上门服务，足底全身腰椎艾灸拔火罐都有。"吴医生接过名片："自己干好啊，挣的钱都归自己。"列车进站，高大技师指了指列车，拎着按摩床跑起来。

24

刘棣在顺义与怀柔的交界处找到一个小村子，花六万块钱租下了一个院子，三间北房，刘棣将当中的一间当作客厅，早弃之不用的大音箱，还有原本扔在床底下的一个功放，都重新接好，摆上一张旧沙发，就是个听音乐的地方。一间卧室改造成工作间，摆上他的麦克风、耳机、录音机和电脑。电台里那位搞技术的结巴同事住在附近一个村子里，每天得空就在家里画画，他帮刘棣在北房外面加盖了一个阳光房，摆上花盆，西厢房是厨房和餐厅，东厢房空着。住进来没多久，刘棣就认识了同住在一个村子的摄影师，闲来串门，喝点儿啤酒。罗斯来看望过刘棣，建议刘棣将这里改造成一个狗舍，空置的东厢房和南房可以养十条大狗，罗斯给刘棣算账，寄养一条狗，每天的费用是一百五，狗主人会给狗预备口粮，你要做的就是每天遛狗，时常给狗洗澡，养十条狗，每天收入就是一千五，哪怕是淡季，没那么多狗寄养，你只要有两条狗，也能每天挣三百块，足够吃穿用度了。罗斯说，要养就养大狗，大狗的主人有钱，更在乎大狗寄养的环境。你要宣传自己的特色，你能给狗听音乐，让每条狗都心情愉快。没过两天，罗斯打电话说，我给你送一只大金毛过去吧，金毛主人移民去了加拿大，家里这条狗还没办好手续，要暂时寄养在狗舍里，一天一百五，先寄养两个月，你就先养着这个金毛呗，正好跟你做个伴儿。刘棣于是将东厢房改造成狗舍，迎接大金毛的到来。每天早晚，他都带金毛出去遛弯儿，金毛在郊外的树林中奔跑，刘棣就欣赏田野中的晨光和夕照。

他去附近的集市买蔬菜水果，盘算着办狗舍的可能。

某个阳光明媚的正午，刘棣接到电话，Echo 来北京了，正在 798 附近转悠，问他是否有空一起喝杯咖啡。刘棣说，好。两人约好见面地点，刘棣洗漱打扮，穿上一条新内裤，穿上一双新袜子，里里外外收拾停当，赶到 798 一家咖啡馆。Echo 正在咖啡馆里坐着，面对阳光，笑起来露出洁白的牙，两人寒暄几句，刘棣问 Echo，你住哪儿了？Echo 含糊其词，就住在东边儿。刘棣忽然心生厌烦，看眼前的 Echo，怎么看怎么觉得恍惚，他问："你整容了吧？你的鼻子好像跟以前不一样了。"Echo 否认："我没整容。我本来就这样。你还记得我什么样吗？"刘棣说："反正你以前不是这样的。"两人有一搭没一搭地说话，Echo 问，要不要去长征空间看个展览，刘棣说，算了吧，我一会儿还有事。他着急忙慌地从乡下跑进城，又着急忙慌地想回去，家里那条大金毛还等着黄昏时分外出散步呢。进城路上花了一个半小时，坐在 Echo 对面不过半个小时，刘棣又叫了一辆车返回村里，他骂自己浪费时间，但又庆幸自己没有陪 Echo 消磨更多的时间。照料一个人，照料一个人的情绪，实在太累了，相比之下，照料一条狗要容易得多。

刘棣和唐娟的第三幕戏如期上演。两人在朝阳区婚姻登记处办理了离婚手续,办事员看了看他们签好的协议,问他:"你是自愿的吗?"刘棣响亮地回答:"是。"办事员看唐娟,唐娟没反应,办事员再问一遍:"女方,你是自愿的吗?"唐娟回答:"是。"两人办好手续出来,倪乐乐在门口迎着,刘棣打量唐娟,见她一副无精打采的样子,就说:"你照顾好自己啊,我走了。"唐娟微微一欠身,像是给他鞠躬:"对不起,让你经历这么不愉快的事。"刘棣不知如何回答,也不知她所说的"不愉快"是指离婚这件事,还是指婚姻这件事。倪乐乐在边上说:"还有房产的一些手续要办,我让中介都弄好,回头需要你出面的时候,我再给你打电话。"刘棣点头。倪乐乐和唐娟上车离去,她们订好了一周后出发去土耳其旅行的机票和酒店。

刘棣跟吴思齐医生预约了两次面谈,他说:"吴医生啊,我想跟你聊聊,先谈两次吧,我现在手头也没钱,也谈不了太多次。我谈一次付一次的钱。"第一次面谈,他回顾自己的婚姻,不乏柔情蜜意,说他在鼓楼那间小房子里度过了生命中最快乐的一个夏天。吴医生问他:"你有负疚感吗?"刘棣说:"有吧,我们本来能相处得更好一点儿,不过还是离开好。"他问:"吴医生,你为什么不结婚呢?"吴思齐叹气:"没找到合适的。"第二次面谈,刘棣的核心问题是,他不停地渴望肌肤之亲，是不是一种病。吴医生安慰他，如果这是一种疯狂，也没什么大不了的，你可以把它看作是一种激情："其实，我们的任务就是帮助来访者找到一种激情，或者说变疯一点儿，让他觉得生活还是可以忍受的。"

托尼的时间都交给了女儿，小女儿入睡困难，每到黄昏就哭闹一番，睡一会儿，到十点多钟又醒，继续哭闹。用一个小时哄睡之后，到夜里三点又醒。有一天夜里，保姆抱着小女儿，拎着个篮子，跟托尼上车，像离家逃难一样。托尼开车在街上转，小女儿在车上倒睡得安稳。这成了托尼的哄睡窍门，夜晚来临之时，司机备好车，托尼带着保姆和女儿，坐到宽敞的后座上，在城里漫无目的地游荡，女儿在车上总是睡得很安稳。有一次碰上查酒驾，司机摇下车窗吹气，警察探头查看，托尼笑吟吟地看着警察，女儿不满地哼哼着。这样过了两个月，女儿终于可以在家里安稳地入睡了，终于有一天，她安稳地睡了十个小时，一觉睡到天明。

陈旖旎终于知道了那间叫荷塘月色的房间是什么样子，墙壁上涂着写意水墨，有月，有水，有梅花，歪歪扭扭地写着一首词——"旧时月色，算几番照我，梅边吹笛。唤起玉人，不管清寒与攀摘。何逊而今渐老，都忘却春风词笔。但怪得竹外疏花，香冷入瑶席。"落款处标注，这是姜夔的《暗香》。

吴思齐问:"何逊是谁啊?何逊是什么意思啊?"陈旖旎摇头:"不知道。"酒店隔音很差,从隔壁传来的动静让两人不敢大声说话,吴思齐说:"看样子,这个房间跟朱自清没什么关系。"陈旖旎点头:"没什么关系。"

吴思齐说:"我有一个客户,绝望的主妇,你记得吗?"

陈旖旎说:"我知道,总抱怨她老公,还有一个睾丸激素正旺盛的儿子。怎么了?"

"她今天跟我说,她感觉好多了,不那么焦虑了。我就多问了两句,她说她在楼下咖啡馆认识了刘棣,原来是电台主持人,现在住在怀柔的村子里,当艺术家呢,她跟着他去郊外玩,听音乐,感觉放松了好多。她说这些话的时候,眼睛里都闪亮,她还说以后不来咨询了,每周去找刘棣听听音乐就好了。她还感谢我让他们认识。他妈的,这是把我这里当成介绍所了。这个刘棣也是够孙子的,跑到我这里勾引良家妇女来了。我都不知道他们两个是怎么勾搭上的。"

陈旖旎笑得在床上打滚儿,吴思齐问:"有什么好笑的?"

陈旖旎说:"我觉得这也是个业务模式,一下子治愈两个人。"

吴思齐摇头:"这个绝望的主妇本来是个优质客户,说不来就不来了，我还得再开发几个客户去。"

陈旖旎说："你不是开发了杨小诗吗？她怎么样？"

吴思齐躺到了床上："只谈了一次，可能还是会脱钩。"

来访者脱落，吴思齐执业之初，最害怕的就是来访者聊了一两次，随后就消失。他统计自己的"脱落率"，看着它从80%慢慢降到60%，然后降到50%。干了几年之后，他才能平静地面对那些没能做成的生意，和陈旖旎聊天的时候，他也不用"脱落"这个词，换成了"脱钩"，头一两次面谈，就像是钓鱼，鱼咬上了钩，但能不能把鱼钓上来，要看运气。他相信自己的咨询技术，可也知道来访者很容易就"脱钩"，杨小诗愿意讲述她的故事吗？她的报复心从何而来？她的屈辱感从何而来？她愿意谈论自己的病和隐痛吗？

和杨小诗的面谈，吴思齐花了很长时间讲自己的故事。他开始当住院医生的时候，总觉得心神不宁，特别是凌晨，总觉得死神就在医院的楼道里转悠。有一次接一个脑中风的病人，抢救成功，躺在病床上，患者的闺女给他喂黑芝麻糊，那个姑娘二十出头，笑吟吟地说，医生，我爸吃了两碗黑芝麻糊了。可吴思齐看到病人的脉氧一直在下降，他跟主任汇报，赶紧检查，那个姑娘喂的黑芝麻糊全跑到爸爸的气管里了，肺里都是黑芝麻糊，而后切气管电除颤，病人还是死了。那女孩哭得稀里哗啦，吴思齐也不知道该如何安慰，他悲叹生命的易逝，也觉得有点儿荒谬，女儿用黑芝麻糊把爸爸给呛死了。有时他深夜查房，睡眼惺忪地看心电图，看着那条不再波动的线，愣一会儿神，才知道病床上的人已经死了。吴思齐从小就立志当医生，但他在医院没干两年，就跑去读心理学了。

"你很小就想当医生吗？"杨小诗问，好像她是咨询师。

吴思齐低头看着自己的鞋尖："我爸当年在一个兵工厂上班，我妈就在工厂的附属医院里，医院时不时给厂里的职工讲急救知识，讲怎么处理伤口，怎么包扎，我妈总带着我去，她不是医生，她是个护士，外科医生在上面讲，我妈就在边上演示怎么包扎，她需要一个模特儿，可那些工人师傅特别忌讳受伤，所以我妈总让我当模特儿，给我包扎，头上缠上绷带，还有胳膊上打绷带吊在肩膀上，每次我被缠好了之后，围观的人就笑，特别是那些跟我差不多大小的孩子，总是笑话我。有一次她讲急救知识，我爸来了，看见我妈给我包扎，就冲上来，要把我拉走，他把我身上的那些绷带都摘下来，扔到地上，那一次大人小孩都笑得特别厉害。我爸特生气，说我儿子没受伤，我儿子好着呢。我妈后来就不带着我去当模特儿了。"

吴思齐的妈妈总想当医生，她学了几年的针灸，后来医院买了两台理疗仪，弄了一个理疗诊室，她学会怎么操作机器，就去理疗科了，别人也都叫她冯医生了。理疗科有两张床，两把椅子，冯医生有一个小办公桌，吴思齐放了学就在那个小桌子上写作业，他低着头写作业，总能看见妈妈脚上那双旅游鞋，白色的，妈妈穿白大褂，配着那双白色的鞋，底儿特别厚。那些来做理疗的人大多五六十岁，腰肌劳损、肩周炎、腿脚麻木，就在做理疗的那半个小时，能感觉好受一点儿，他们跟冯医生聊天，冯医生就跟病人讲什么叫脉冲什么叫中频，病人就说冯医生你的医术太高了，这些机器太好了，其实理疗对他们没什么用，他们来做一个星期，两个星期，一个月，到后来就学会跟自己的疼痛相处了。那个理疗室很小，冯医生在里面不停地转，那双旅游鞋慢慢磨损了，变黄了。病人见到吴思齐写作业，就说，这孩子多用功啊，将来肯定有出息。冯医生就笑，她最喜欢听别人夸儿子了，那些大爷大妈也专挑冯医生爱听的说，这孩子将来能考上清华，冯医生说，我想让他以后去学医。病人就说，对，跟你妈一样当个医生。

"你看，我现在就是吴医生。"

"真好。"杨小诗坐在那张意大利阅读椅上。

吴医生愣了会儿,继续说:"那个理疗室在一楼,紧挨着厕所。医院二楼是住院部,我有一次发烧,吃药打针都不退烧,就住院观察。我妈就给我爸打电话,说我得了大脑炎,我爸那时候不知道去哪儿谈生意了,我很想让他回家,可他回来的时候,我已经不发烧了,出院了,我一直不知道我那次得了什么病。后来我有一次肚子不舒服,我妈又给我爸打电话,说我得了疝气,要动手术,又让我住院了。我觉得根本不用住院,可我妈说,这个病很危险。我倒挺喜欢住院的,医院里都是白色的床单,白色的被子,住到医院里就不会有危险了。当时我家附近有两个病人,一个是女的,比我大几岁,整天在街上走,一条腿能走动,另一条腿只能在地上拖着,她还说不出话来,大人都说她是小时候打针给打坏了,我后来才知道她是小儿麻痹症。还有一个病人,是我同学的哥哥,我始终不知道他得的是什么病,他家给他盖了一个小房子,他整天就躺在那个小房子里,他妈妈每天去喂他三顿饭,给他倒屎倒尿,我上大学离开的时候,他还住在那里,我总怕得了什么病就会变成他那个样子。我住院的时候,我妈就陪着我,有什么不舒服的,床头有一个按钮,按一下,医生就会来看我。我妈总跟我爸说,这孩子身体不好,老是得病,但我住院好像就是这两次。后来有一次我得了腮腺炎，医院的院长跟我妈说，医院床位紧张，不让我住院了。我妈就不去上班，在家陪着我，跟我说，好好读书，长大了当医生，你就可以给妈妈看病了。我说，妈，你有什么病啊？我妈说，现在还好，但妈妈会老的，老了就有很多的病。"

这些话，吴医生从没对陈旖旎说过，却在自己的诊所里讲给杨小诗听："我大学毕业以后，我妈说她心血管出问题了，要来北京好好检查一下。我给她挂号，找了一个顶级专家，做检查，专家说，您的心血管没什么问题，注意休息，好好睡觉，没事儿走走路。她回去之后，没过些日子，就说自己走路走得膝盖疼，可能是关节炎。我给她买了好多鱼油、营养品，都是没用的安慰剂，她说上次的专家不行，没给她治好冠心病，倒给她弄成了关节炎，让我给她找一个更好的医生。我后来才知道我妈是怎么回事，就跟打开了一盏灯似的，啪，屋子里全亮了。"

"你是说孟乔森综合征吗？我听说过这种病。"

"没那么严重吧。我学心理学，其实就是想让我妈能好受一点儿，也让我自己好受一点儿。"

"她现在怎么样呢？"杨小诗问。

"我把我妈送到了一个养老社区里，她在那里倒是如鱼得水，周围全是老年人，有各种各样的病，她就给人家分析，这个病该怎么治，那个病该怎么治，她说自己的病，别人也都有耐心地听着。她可能觉得自己是养老社区里的医生吧。"

屋子安静下来，吴思齐看着杨小诗的脚，再抬起头："对不起，我也不知道为什么要跟你说这些，如果今天不说，以后也不知道还有没有机会说。"

杨小诗穿着一件圆领衫，胸部微微露出，她的脖子上戴着一串细细的项链，有一颗小小的钻石发出光芒，在项链的上方，有一道细微的伤痕。她挪了挪脚："我去年在终南山参加过一个禅修班，叫安止禅，那个和尚就不让我们说话，头几天都要止语，只有晚上师父开示之后才能说两句，一上山就把手机交了。师父说，要管住心，管住自己的妄想。我在山上住的那几天，倒还挺有收获的，可下了山就不行了。管不住我的痴心妄想。我看你这里，跟和尚老道差不多。"

吴思齐笑："那我回头也去终南山参加个禅修班，看看我们的同行都做些什么。"

"不用去那么远，我在北京还参加了一个禅茶会，讲什么喝茶要入心入禅，我以前没怎么喝过茶，就喝咖啡，顶多泡两袋立顿、川宁之类。"

吴思齐看着她，听她说下去。但他有点儿走神儿，他想念妈妈，想念那个遥远的工厂医院的小理疗室，里面那些大爷大妈在抱怨自己的肩膀和腰椎，在向冯医生问好，在夸赞吴思齐用功，那些说话声嗡嗡作响混杂在一起，在他的脑子里激荡。

那一天下午，和吴医生谈完，杨小诗在街上走了很长一段路，其间收到一条短信，是她得病时认识的一个病友发来的，确切地说，是那位病友的丈夫发来的。那位大姐是湖南人，辗转广州、北京治疗，她的丈夫陪着她，花光了家中的积蓄。那位大哥不爱说话，总坐在床边，握着妻子的手，他发来的短信说："芬姐走了，节哀顺变。"这八个字文理不通，"芬姐走了"，是向别人报讯，"节哀顺变"应该是别人的安慰，这八个字连在一起，倒让杨小诗不知该如何回复。路边有一家叫"审美"的发廊，门口站着几个杀马特男子，向路过的人分发小广告，一张彩印纸上写着染发护发的各项优惠，杨小诗接过来扫了一眼，走进发廊，迎上来的技师开始推销，杨小诗听不清他在说什么，只见他的嘴一张一合，像游动的扇贝，"姐，先洗洗头吧。"洗发的躺椅放平，黑色的皮子很松软，杨小诗躺到上面，给她洗头发的小工眉清目秀，脑门上有一缕头发染成了绿色,他的手非常轻柔地托住杨小诗的头,水温略有些烫,头皮紧了一下,而后感觉舒适,那个眉清目秀的小工揉搓着头发,杨小诗闭上眼睛,想阻挡夺眶而出的泪水。